Alfred Lichtwark

Künstlerische Photographie

Entwicklung und Einfluss in Deutschland

Verlag
der
Wissenschaften

Alfred Lichtwark

Künstlerische Photographie

Entwicklung und Einfluss in Deutschland

ISBN/EAN: 9783957005151

Auflage: 1

Erscheinungsjahr: 2015

Erscheinungsort: Norderstedt, Deutschland

Hergestellt in Europa, USA, Kanada, Australien, Japan
Verlag der Wissenschaften in Hansebooks GmbH, Norderstedt

DIE KUNST · SAMMLUNG ILLUSTRIERTER
MONOGRAPHIEN · HERAUSGEGEBEN VON
RICHARD MUTHER ·

· NEUNUNDFÜNFZIGSTER ·
· UND SECHZIGSTER BAND ·

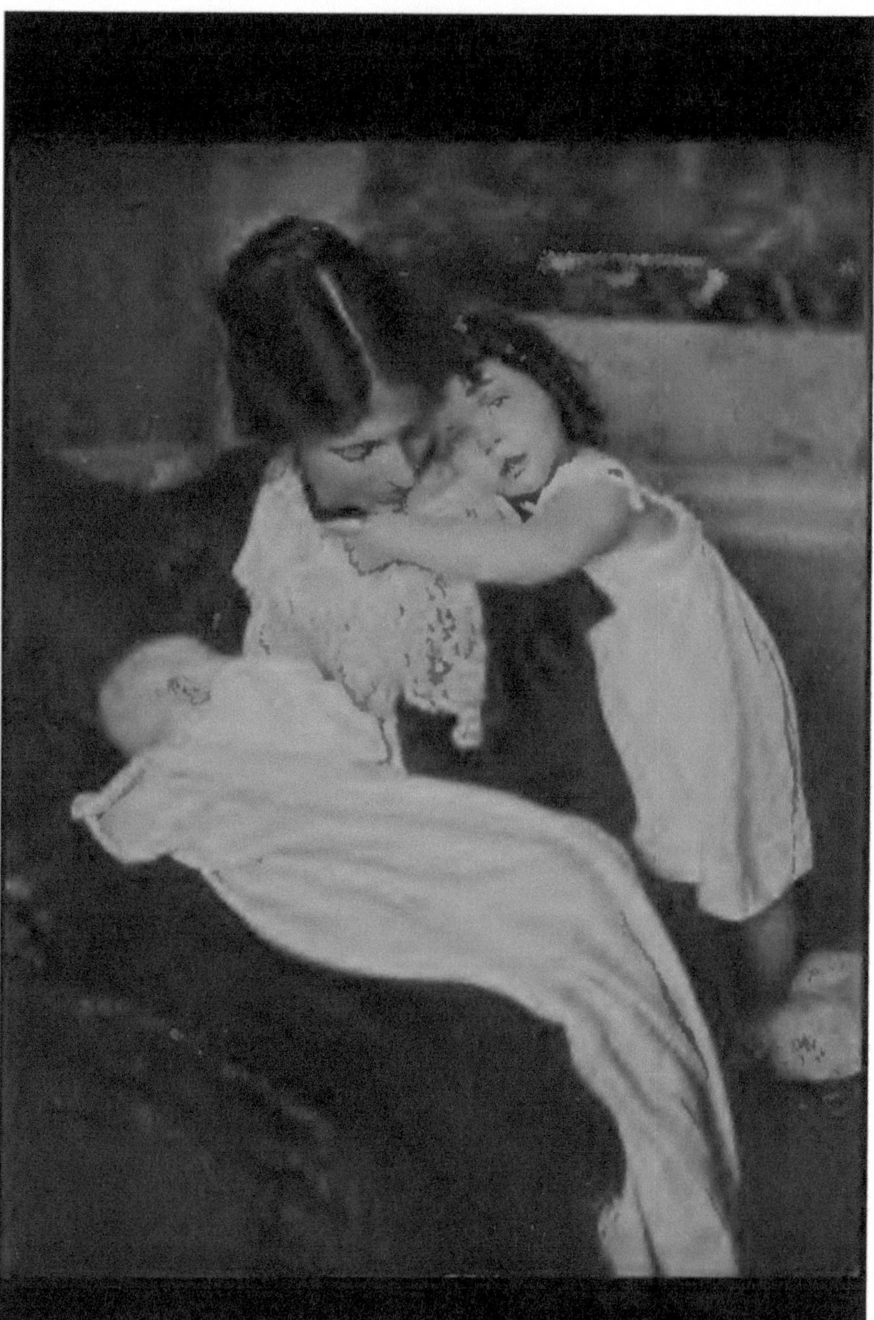
KASEBIER
MUTTER MIT KINDERN

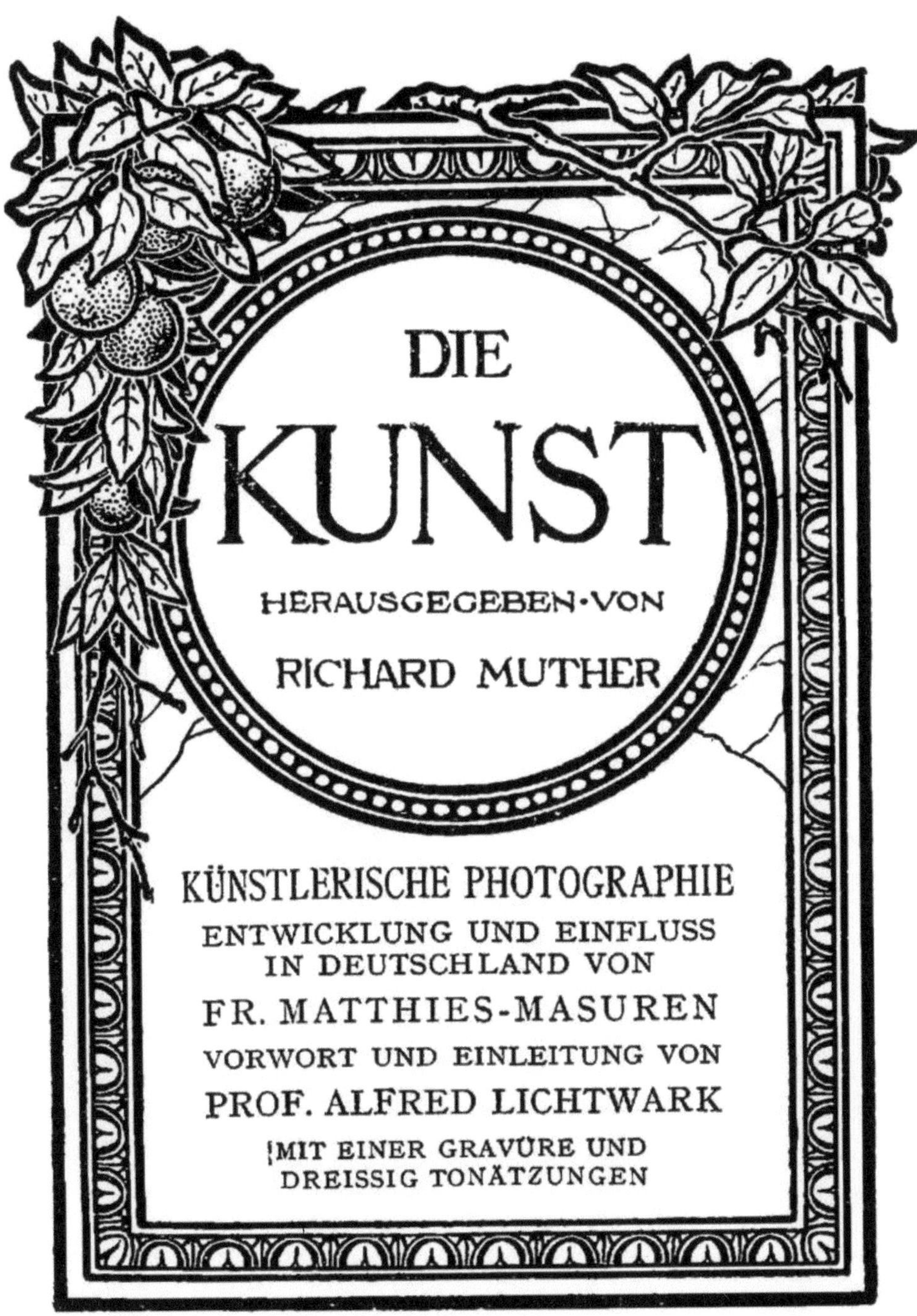

MARQUARDT & Co.

VORWORT

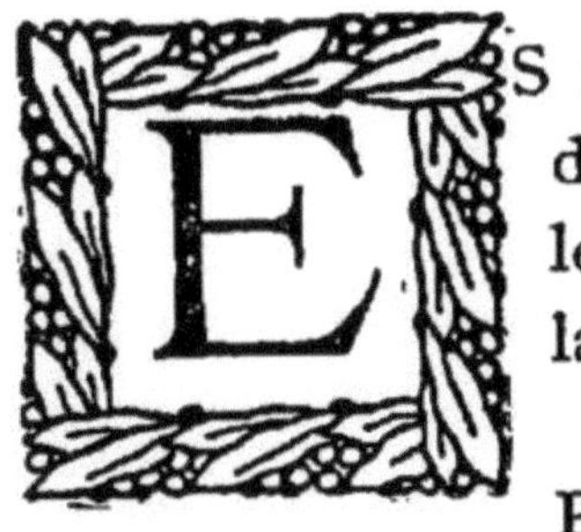ES ist noch nicht fünfzehn Jahre her, daß von der Bedeutung der künstlerischen Photographie in Deutschland gesprochen werden kann.

Damit ist nicht gesagt, daß die Photographie vorher künstlerische Absichten überhaupt nicht gekannt hätte. Seit der Erfindung der Photographie hatte es überall und jederzeit bei uns Liebhaberphotographen und Berufsphotographen gegeben, die die Photographie als Ausdrucksmittel für ihre künstlerische Empfindung und Anschauung verwandten. Aber alle Anstrengungen, die der einzelne machte, nützten nur ihm und ließen keine Spur, wenn er aufhörte.

Zu einer wirkenden Bewegung konnte es erst kommen, als sich Anfang der neunziger Jahre die Kräfte zusammenschlossen, ein gemeinsames Ziel erkannten und die Arbeit organisierten. In allen größeren Städten hatten sich Vereine von Liebhaberphotographen gebildet. Aber sie arbeiteten zunächst noch jeder für sich und hatten noch keine gemeinsamen Ziele.

Den allgemeinen Zusammenschluß brachte für Deutschland — in Wien war die Bewegung etwas älter, doch wußten wir nichts von ihren Erfolgen — die erste internationale Ausstellung von Liebhaberphotographien in der Kunsthalle zu Hamburg 1893.

Vertreter dreier ganz verschiedener Interessengruppen hatten sich vereinigt, um diese Ausstellung zustande zu bringen: Liebhaberphotographen, Museumsvorstand und Berufsphotographen.

Auf den ersten Blick erscheint diese Verbindung zu gemeinsamer Arbeit kaum verständlich. Liebhaber- nnd Berufsphotographen standen sich mindestens kühl gegenüber. Eine Museumsverwaltung mußte sich gegen die Tätigkeit der Berufsphotographen sehr ablehnend verhalten, und wenn sie auch in den Arbeiten der Liebhaberphotographen allerlei erfreuliche Versuche anerkennen konnte, war es von da bis zum Entschluß, der Liebhaberphotographie die Räume einer Gemäldegalerie zur Verfügung zu stellen, ein weiter Sprung. Dem Publikum kam es vor, als wollte ein Naturforscherkongreß als Sitzungssaal eine Kirche benutzen.

Das Bindeglied der auseinanderstrebenden Gruppen bildete die Museumsverwaltung.

Wir hatten gerade damit angefangen, die ersten Schritte zu einer Pflege des wichtigsten und am meisten vernachlässigten Zweiges der lebenden Kunst zu tun, der Bildnismalerei. Die Historienmalerei war abgestorben, das sog. Sittenbild — die Genremalerei — lag in den letzten Zügen. In vielen deutschen Städten zwischen hundert- und achthunderttausend Einwohnern gab es bestenfalls ein paar Landschaftsmaler — die Bildnismalerei war an vielen Orten wie ausgelöscht.

Wenn es möglich war, die Liebe zum Bildnis beim Publikum wieder anzufachen, so war unserer Malerei der feste Boden der Menschendarstellung zurückgewonnen, denn das Bildnis umfaßt alle Mittel der Malerei. Es kann monumental und intim sein, es kann die Form des Historien- wie des Sittenbildes annehmen, kann alle Pracht der großartigsten und alle Behaglichkeit der einfachsten Innenräume und die ganze Landschaft mit allen ihren Formen und Stimmungen in seinen Bereich ziehen.

Dieses wichtigste Gebiet war aber den führenden deutschen Künstlern der jüngeren Generation so gut wie verschlossen. Je besser die Bildnisse waren, die sie aus dem Kreise ihrer Familie und Freunde malten, je weniger gefielen sie, denn das Publikum konnte Wahrheit und Ehrlichkeit nicht mehr vertragen. Es versagte, wenn ein Versuch gemacht wurde, ihm das Werk eines nicht im Bann alter Kunst schaffenden Meisters näher zu bringen.

Eine Hauptursache seines Widerstrebens mußte im Zustande der Bildnisphotographie gesucht werden.

Die Entwicklung der Bildnisphotographie, die zu Anfang der vierziger Jahre aufkam, hatte unmittelbar den verhängnisvollsten Einfluß auf die Malerei.

Zunächst eroberte sie weite und wichtige Gebiete der Kunstübung und verdrängte die angesessenen Künstler. Ihr erstes Opfer war die Bildnisminiatur. Hier ging die Entwicklung so rasch vor sich, daß die meisten der um 1840 tätigen Miniaturmaler Berufsphotographen wurden, anfangs im Nebenamt, bald ausschließlich. Dann folgte die Bildnislithographie, die ihrerseits zwei Jahrzehnte vorher dem Bildnisstich und der Bildnisradierung das Lebenslicht ausgeblasen hatte. Die Lithographie blieb, weil sie billig arbeiten konnte, länger am Leben als die Miniaturmalerei. In einzelnen Vertretern hielt sie sich bis in die achtziger Jahre. Es dauerte dann nicht lange, so begann auch die Bildnismalerei selbst vor der Photographie zurückzuweichen. Bis 1840 hatte es in den meisten Städten noch bedeutende und fast überall noch ganz tüchtige, mehr handwerkliche Bildnismaler und Bildniszeichner gegeben. In den fünfziger Jahren zogen sie in Norddeutschland im Sommer noch aufs Land und malten oder zeichneten Bildnisse für die Bauern. Von etwa 1870—80 ab starben sie aus. Um 1890 pflegten selbst die wohlhabendsten Leute es als einen sündhaften Luxus oder gar als eine Anmaßung anzusehen, sich malen zu lassen. Es gab reiche Städte von hundert- bis achthunderttausend Einwohnern, in denen um 1890 kein Bildnismaler mehr seine Nahrung fand.

Die Mittel, die dagegen für die Bildnisphotographie aufgewandt wurden, übersteigen alle Schätzung. In den größeren Städten gab es Hunderte von Bildnisphotographen, im kleinsten Nest, wo kein Maler das Leben hatte, pflegte ein wohlhabender Photograph zu sitzen. Alle Stände waren dem Photographen tributpflichtig, vom Fürsten bis zum Dienstmädchen. Es wäre nicht uninteressant zu erfahren, wie viele

Milliarden allein das deutsche Volk seit 1840 für die Bildnisphotographie ausgegeben hat.

Die Photographie hat jedoch noch viel mehr auf dem Gewissen als die Vernichtung der Bildniskunst in den Formen der Miniatur, der Lithographie, der Ölmalerei: sie hat Gesinnung zerstört.

Die ersten Berufsphotographen kamen von der Miniaturmalerei her. Sie waren Künstler, und was sie in der Bildnisphotographie leisteten, besaß alle Eigenschaften, die sie mitbrachten. Die Bildnisphotographien der ersten Zeit tragen deshalb durchaus künstlerischen Charakter. Heute noch müssen wir uns gestehen, daß Bildnisphotographien von so hoher Künstlerschaft, wie der englische Maler Hill sie um 1843 mit dem schwerfälligen Verfahren der Talbottypie geschaffen hat, wenn seither in einzelnen Fällen erreicht, doch sicher trotz reicherer technischer Mittel nie übertroffen sind.

Aber sehr bald drangen von allen Seiten ungelernte Geschäftsleute in den Stand der Berufsphotographen ein, ihre Leistungen hatten kaum noch künstlerische Elemente, und das Publikum, das keinen Unterschied wahrnahm, fiel ihnen anheim. Als die Retusche, die es anfangs nicht gegeben

hatte, erst durchgebildet war, hatte jeder Geschmack
aufgehört.

Derselbe David Hill, der 1843 die staunenswerten
Bildnisse hergestellt hatte, stand schon in den achtziger Jahren so widerstandslos im Banne des neuen
Stils der Photographie, daß sich seine Leistungen
weder in Stellung, Ausschnitt noch Beleuchtung von
den Arbeiten der Berufsphotographen unterschieden.

A. L.

ENTWICKLUNG UND EINFLUSS DER KÜNSTLERISCHEN PHOTOGRAPHIE IN DEUTSCHLAND

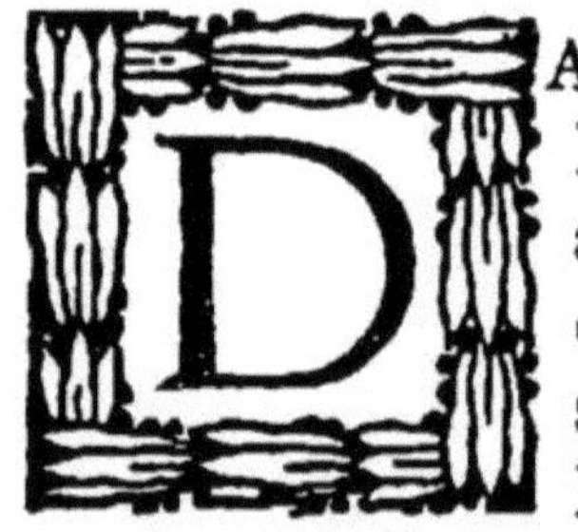

DAS war die Lage der Bildniskunst in Deutschland um 1890: keine der alten reproduzierenden Techniken der Lithographie oder des Kupferstichs am Leben. Keine deutsche Bildnismalerei mehr, nur noch einige wenige Bildnismaler in den Akademiestädten. Ein völlig verbildeter Geschmack aller Schichten des Volkes und als dessen willfähriger Diener eine Bildnisphotographie, die dem Volk alljährlich Hunderte von Millionen kostete und durch ihre Verlogenheit eine Gewöhnung und Gesinnung geschaffen hatte und lebendig erhielt, die jeder Erneuerung der Bildnismalerei einen Riegel vorschob.

Gab es eine Möglichkeit, gegen diese heillosen und unwürdigen Zustände vorzugehen?

Dauerndes konnte nur erreicht werden, wenn die Gesinnung sich beeinflussen ließ. Solange sie blieb,

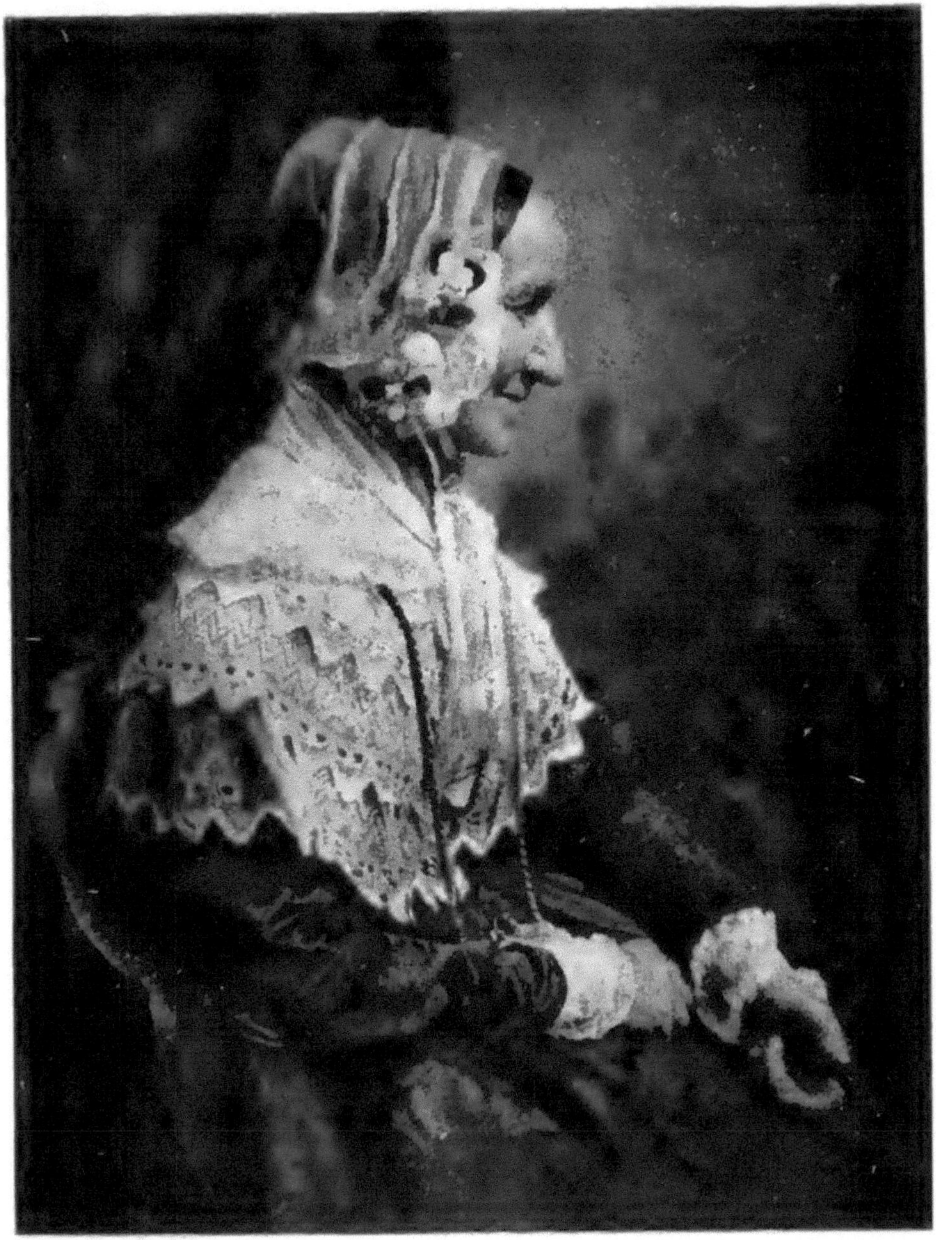

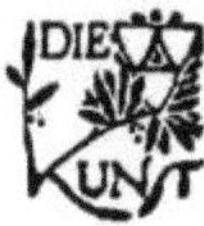

D. Okt. Hill †, Glasgow
BILDNIS (1843—45)
n. e. Kohledruck.

wie sie war, vermochte weder die Kraft der Künstler noch die Arbeit von Behörden und Kunstfreunden etwas anderes als Flickwerk leisten. Die drei, vier Künstler an der Spitze der jüngeren Generation waren Mitte der vierzig oder nur wenige Jahre jünger, ihre Führerstellung war unbestritten oder begann sich aufzuzwingen, und dem Bildnis, ihrem eigensten Berufe, wurden sie mit allen Mitteln ferngehalten.

Es schien keinem Zweifel unterworfen, daß bei der Bildnisphotographie eingesetzt werden mußte.

Daß die Berufsphotographen, denen die Einsicht keineswegs fehlte, allein nicht imstande sein würden, die Bildnisphotographie aus dem Elend zu erlösen, bewiesen ihre vergeblichen Versuche. Sie konnten nicht gegen den Geschmack ihrer Auftraggeber aufkommen, und ein in absehbarer Zeit wirkendes Mittel, ihn zu verbessern, besaßen sie nicht.

Der Liebhaberphotograph dagegen war frei von jeder falschen Tradition. Er konnte nicht retuschieren, er hatte kein Atelier, das alle Hintergründe fälschte. Das wirkliche Zimmer, der wirkliche Garten, die wirkliche Landschaft mußte er mit der Figur zu einem Bildganzen vereinigen. Dem Publikum war er durch seinen Geschmack voraus. Was es an Kunststücken vom Photographen verlangte, wollte der Liebhaber überhaupt nicht mehr. Die besten Bildnisse, die um 1890 in Deutschland photographiert wurden, waren die der Liebhaberphotographen. Schon damals erzählten mir namhafte Berufsphotographen, daß sie das Kinderbildnis aus ihrer Tätigkeit hätten streichen müssen. Es sei ganz in den Händen der Liebhaber. Dies war ein sehr charakteristisches Zeichen, daß der Geschmack sich wendete. Man konnte beim Kinderbild die übliche Verschönerung schon nicht mehr vertragen.

Als nun der Plan einer großen internationalen Ausstellung künstlerischer Photographien mit besonderer Berücksichtigung des Bildnisses beraten wurde, waren die hamburgischen Berufsphotographen mit Begeisterung dabei. Sie stellten ein Mitglied der Jury und stifteten viele Preise.

Zum erstenmal hatten wir in Deutschland Gelegenheit, das Niveau der künstlerischen Photographie in den Kulturländern Europas und Amerikas zu vergleichen. Das Ergebnis zeigte uns, an was es uns auch fehlte. Obwohl wir über eine Reihe ausgezeichneter Kräfte verfügten, konnten wir uns mit den Besten des Auslandes noch nicht messen. Wir standen noch allgemein beim Albuminverfahren. Die Engländer, Franzosen, Wiener und Amerikaner waren längst zu den künstlerisch ausgiebigeren Techniken übergegangen. Die äußere Ausstattung an Kartons nud Rahmen waren bei den Deutschen im besten Falle erträglich, meistens aber beklemmend, wenn der Blick auf die raffiniert geschmackvolle Ausstattung der Fremden fiel.

Es läßt sich nicht sagen, was wir alles dabei gelernt haben. Aber wir haben nicht nur in der Erkenntnis, sondern für die Praxis gelernt. Mit Feuereifer stürzten sich die Liebhaber und sehr bald auch die Berufsphotographen auf die neu eröffnete Bahn. Die in allen deutschen Kunststädten folgenden Ausstellungen, in Berlin die sehr köstlichen im Reichstag und in der Akademie, wirkten in demselben Sinne. Überall war die Wirkung durchschlagend, denn die Liebhaberphotographie war allmählich eine Leidenschaft aller Stände geworden.

Es hat mir immer Vergnügen bereitet, die rein äußerliche Wirkung der Ausstellungen zu verfolgen. Die Liebhaberphotographen lernten, wo das Ausland in geschmackvoller Ausstattung auftrat, die Wichtigkeit des Untersatzpapiers, der Kartons, der Rahmen — der Toilette der Photographie — kennen und schätzen. Ihre eigenen Versuche öffneten ihnen darauf die Augen auch für ihre häusliche Umgebung. Vom Papier und Rahmen der Photographie aus wurde oft genug die ganze Einrichtung umgestaltet.

Auch das Verhältnis zur Kunst erhielt andere Grundlagen. Die künstlerischen Techniken, erst des Platin-, dann des Bromsilber-, Kohle- und Gummidrucks, die vor 1893 in Deutschland wesentlich nur als technisches Experiment angewandt wurden, verlangten eine weit intensivere Beobachtung der Natur, und das führte zahllose, die sonst unentschlossenen Herzens durch die Welt gegangen waren, zur Kunst.

Nur wer diese Dinge aus erster Hand beobachtet hat, kann sich eine Vorstellung von der Wirkung jener ersten Ausstellungen von Liebhaberphotographien machen. In kaum fünf Jahren hatten sich die deutschen Liebhaberphotographen, die bis dahin die letzten gewesen waren, in die Front vorgearbeitet und auch für Deutschland die dekorative Qualität der Photographie in künstlerischem Gehalt und künstlerischer Ausstattung erobert.

Es tauchten nun überall die Fragen auf, ob die Photographie dieser Gattung zur Kunst zu rechnen sei oder nicht. Mich hat das Theoretische immer kalt gelassen. Das war nie zweifelhaft, daß die Photographie ein Ausdrucksmittel persönlicher Empfindung, persönlichen Geschmacks, persönlicher Überzeugung sein konnte und daß sie genau so viel wert war wie der Mann, der sie machte. Die technischen Mittel der Photographie sind so reich, daß sie alles

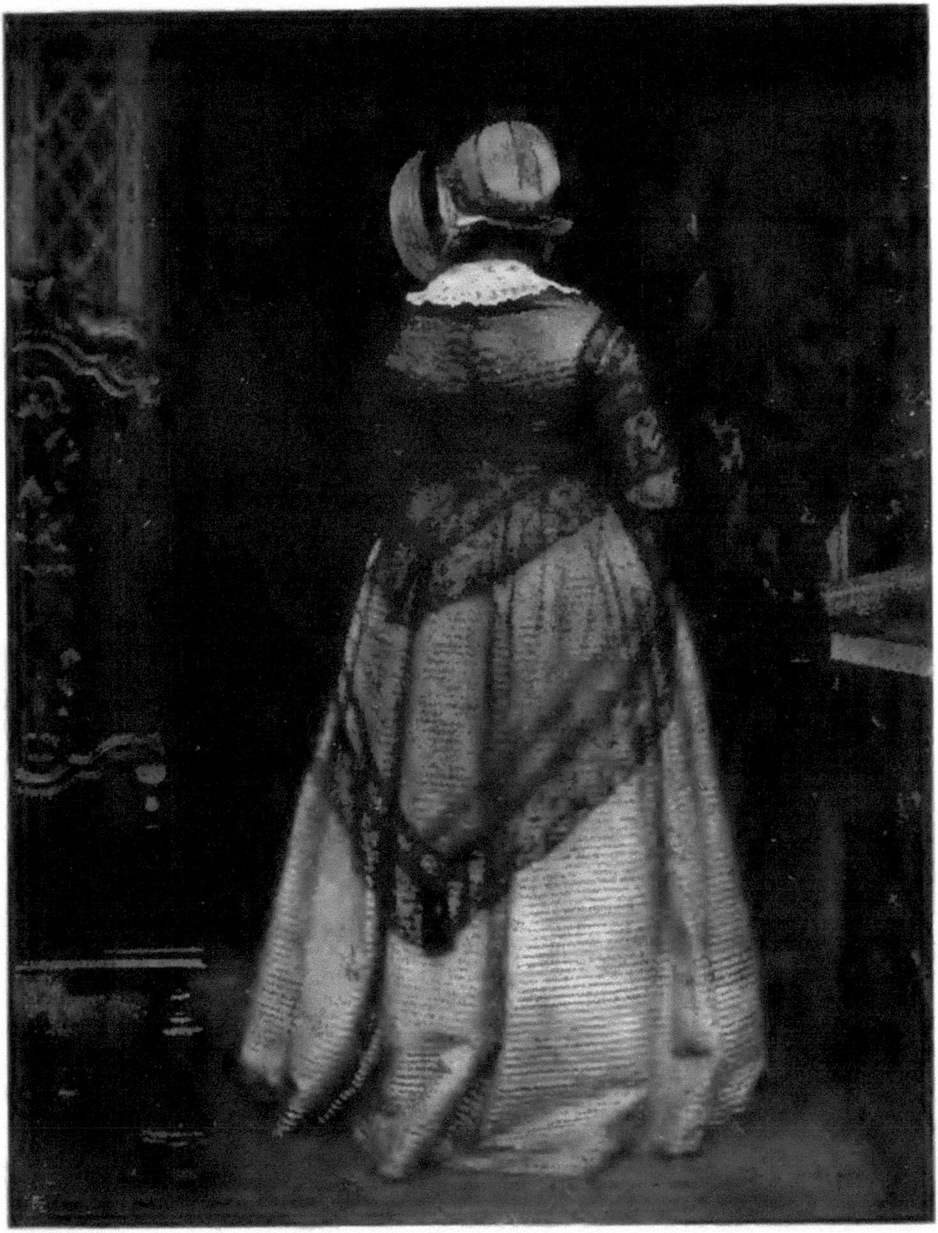

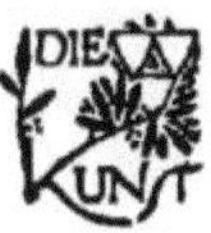

D. Okt. Hill †, Glasgow
GEWANDSTUDIE (1843—45)
n. e. Kohledruck.

ausdrücken kann, und daß sich noch kein Ende der Möglichkeiten absehen läßt. Ob die Leistung ganz, halb oder zum geringern Teil zur Kunst gerechnet wurde, konnte man denen zur Entscheidung überlassen, deren Herz an solchen Dingen hängt. Wenn überhaupt photographiert wurde — und es wurde photographiert, Gott weiß es —, so verlangte schon unser nationales Ehrgefühl und die Volkswirtschaft, daß es so gut wie irgend denkbar geschah.

Die Berufsphotographen waren von der ersten Stunde auf dem Plan. Sie gestanden unumwunden ein, daß sie bei den talentvollsten der Liebhaber in die Schule gehen müßten. Sie übernahmen die neuen Techniken, die neue Aufmachung, die neuen künstlerischen Gedanken. Und die Ausstellungen brachten ihnen ein neues Publikum. In den ersten Jahren ging es langsam, dann aber erwies sich die Bewegung als unwiderstehlich.

Den Liebhabern wie den Berufsphotographen war nun aber noch eine neue Macht zu Hilfe gekommen, mit der wir zuerst gar nicht gerechnet hatten, ich muß es zu meiner Schande gestehen.

Gleich nach der ersten Ausstellung traten die Verleger auf den Plan. Die Zeitschriften für Liebhaberphotographen haben in sehr verdienstvollem

Eifer die neuen Ideen aufgenommen, und die der Berufsphotographen folgten ihnen auf dem Fuße. Was diese Zeitschriften zur Verbreitung eines höheren Geschmacks beigetragen haben, läßt sich nicht abschätzen. Sie taten es zuerst unter heftiger Anfeindung. Genau wie in der Malerei wurde die „neue Richtung" bekämpft, und die Verfechter des überlebten Zustandes suchten die ewigen Gesetze der Photographie zu verteidigen. Das Schauspiel, das rasch vorüberrauschte, hatte etwas ungemein Komisches. Es war eine sehr gelungene Karikatur dessen, was wir in der Malerei erlebten. Man wollte nur eine Form der Photographie anerkennen, die der Schärfe. Jeder Versuch, das ganze Register der technischen Möglichkeiten auszunutzen, wurde als ungehörig, ja als unmoralisch verdächtigt. Es sollte und sollte nicht experimentiert werden. Wie es in all solchen Kämpfen geht, bei denen Verstand und Vernunft nur als Handlanger der Leidenschaft auftreten, also mißbraucht werden, benutzte die Opposition gelegentliche Entgleisungen der Sucher und Pioniere, um aus den verfehlten oder mißlungenen Versuchen Anklagematerial zu gewinnen.

Wenn ein Karren festgefahren ist, kümmert sich der bellende Teil der Dorfbewohner nicht mehr um ihn. Aber sobald der Vorspann da ist und ihn herauszieht, stürzt die ganze Rasse mit Geheul hinterdrein. Das ist ihre Natur, sie kann nicht anders, und es ist nicht einmal so viel Bosheit dabei, wie es den Fahrenden vorkommt.

Daß in der Berufsphotographie der Umschwung sich im Handumdrehen vollzog, überstieg alle Hoffnungen. Die Ausstellungen der Liebhaberphotographen und die Fachzeitschriften spornten immer wieder zu neuen Versuchen an. Schon wenige Jahre nach den ersten Anregungen aus Hamburg und Berlin gab es in den großen deutschen Städten Berufsphotographen, die in der künstlerischen Auffassung, im Streben nach Charakteristik, in der Verschmähung aller Hilfsmittel der Retusche mit den besten Liebhaberphotographen wetteiferten. Das Publikum aber ging so freudig mit, daß diese führenden Photographen überall die Herstellung der bisher üblichen Waren aufgeben konnten, wenn sie wollten. Die Liebhaberphotographen erkannten diese Tatsache an, indem sie die Berufsphotographen zu ihren Ausstellungen einluden, und die Künstler, die bisher von der üblichen Photographie der verschönernden Art nichts hatten wissen wollen, wandten sich den Berufsphotographen wieder zu.

Nach den Erfolgen, die die künstlerische Photographie in kurzer Zeit errungen hatte, sind wir berechtigt, große Erwartungen für die Zukunft zu hegen.

Es scheint jetzt undenkbar, daß die Berufsphotographie, die bis in die kleineren Städte die neuen Anregungen aufgenommen hat, wieder zurückfallen könnte in die frühere Barbarei.

Wir dürfen uns nun auch der Hoffnung hingeben, daß diese neue Bildnisphotographie auf die Empfindung und Gesinnung breiter Schichten so stark wirken wird wie die alte, nur in umgekehrtem Sinne.

Es gibt in unserem Zeitalter kein Kunstwerk, das so aufmerksam betrachtet würde, wie die Bildnisphotographie des eigenen Selbst, der nächsten Verwandten und Freunde, der Geliebten.

Alle Verlogenheit und Geschmacklosigkeit der alten Photographie übertrug sich in Gesinnung. Wer an die Photographien gewöhnt war, konnte ehrliche Bildniskunst nicht mehr gut finden. So wird nun auch aller Takt, aller Geschmack, alle Ehrlichkeit der neuen Photographie Gesinnung schaffen.

Die bisherigen Erfolge der Liebhaber- und Berufsphotographen dürfen uns jedoch nicht über den wirklichen Zustand täuschen. Es ist für beide noch ungeheuer viel Arbeit zu tun. Es werden allerlei Abwege begangen. Auch das Ausland hat seit zehn Jahren nicht geruht. Der Geschmack, die rein

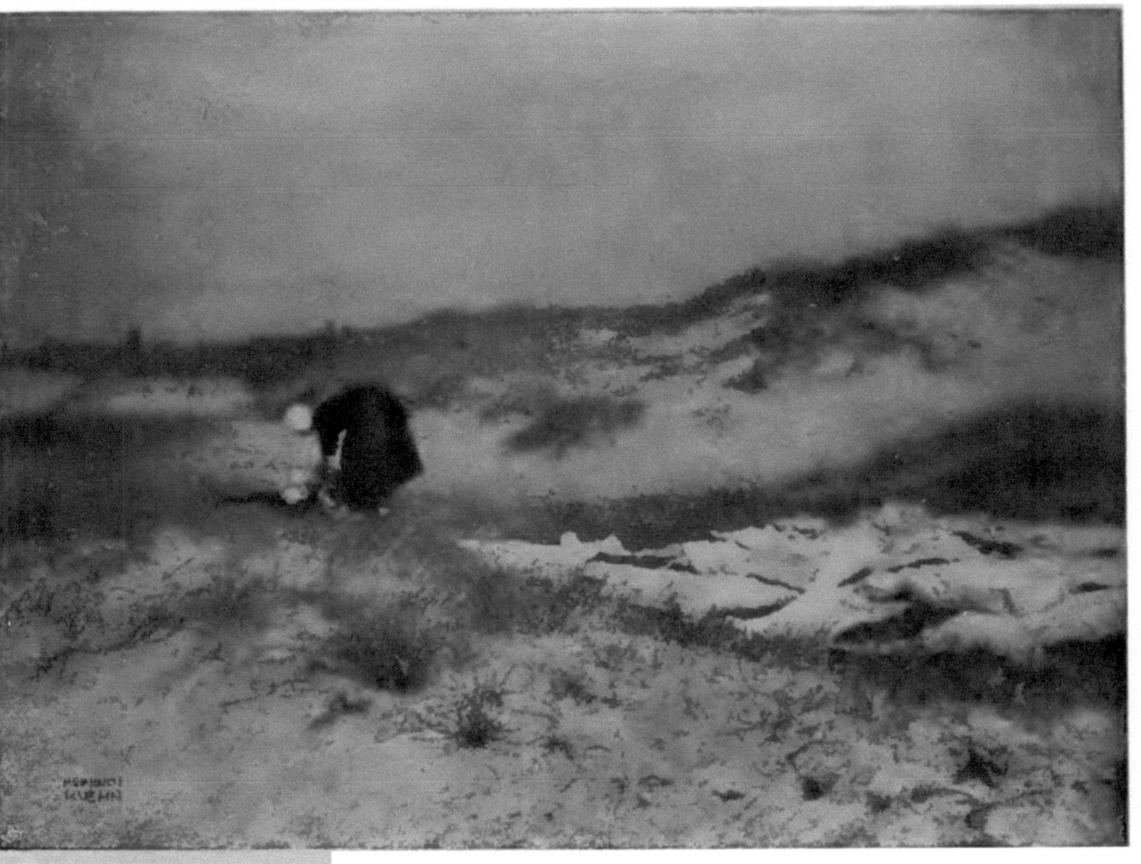

Heinrich Kühn, Inusbruck
WÄSCHERIN IN DER DÜNE
n. e. Gummidruck.

sinnliche Schönheit des Tons und der Haltung der Arbeiten, die uns die jüngste Generation der amerikanischen Liebhaber sendet, gibt uns immer noch zu raten.

Aber wir haben festen Boden und dürfen nun hoffen, daß die heutige Bildnisphotographie einer neuen Bildnismalerei bei uns nicht allein nicht im Wege sein, sondern daß sie mithelfen wird, ihr den Boden zu bereiten. Bisher stand bei uns der Bildnismaler, der Künstler bleiben wollte, auf dem Isolierschemel. Die lebendige Kraft, die der Wille eines ganzen Volkes erzeugt, strömte nicht in ihn über.

Die Liebhaberphotographen dürfen mit den Erfolgen des ersten Jahrzehnts systematischer Arbeit und Organisation wohl zufrieden sein. Sie haben den unumstößlichen Beweis geliefert, daß auf dem Gebiete der künstlerischen Kultur die Arbeit, die sich praktisch erreichbare Ziele steckt, nicht verloren ist. Was heute Tatsache geworden, wurde 1893 schon in allen Einzelheiten als das Ziel bezeichnet.

Von andern Gebieten unserer Kultur her haben wir oft mit heftigem Begehren auf die rasche Entwicklung der künstlerischen Photographie gesehen und den Wunsch ausgestoßen, es möchte in der Hausarchitektur, in der Gartenkunst, in der Blumenpflege erst so weit sein, daß die Laien sich auf ihre Rechte und Pflichten besinnen, sich mit den künstlerischen und technischen Grundlagen bekannt machen, sich organisieren und den Fachleuten die breite Grundlage für ein künstlerisches Schaffen bereiten. Die Liebhaberphotographen haben auch für die Form einer solchen Bewegung den andern Gebieten ein Vorbild aufgestellt, indem sie sich nicht gegen die im Banne des Ungeschmacks fronenden Fachleute wandten, sondern sie von der ersten Stunde an mitrissen.

Könnte unsern Architekten, Gärtnern, Töpfern, Goldschmieden usw. eine solche Hilfe erstehen!

Wenn eine künftige Geschichtschreibung, die die Tatsachen kennt, von der Malerei des neunzehnten Jahrhunderts handelt, so wird sie der Photographie ein ausführliches Kapitel zu widmen haben, das die Jahrzehnte von 1840 bis zum Ende des Jahrhunderts umfaßt. Und wenn sie geschildert hat, wie das Auftreten der Photographie der Kunst den alten Nährboden des Bildnisses entzogen hat (eins der folgenschwersten Ereignisse im ganzen Zeitalter), wie sie die Gesinnung aller Klassen verdorben hat, so wird sie zum Schluß in der Wiedergeburt der künstlerischen Photographie einen Wendepunkt der künstlerischen Gesinnung mit Nachdruck hervorheben.

ALFRED LICHTWARK

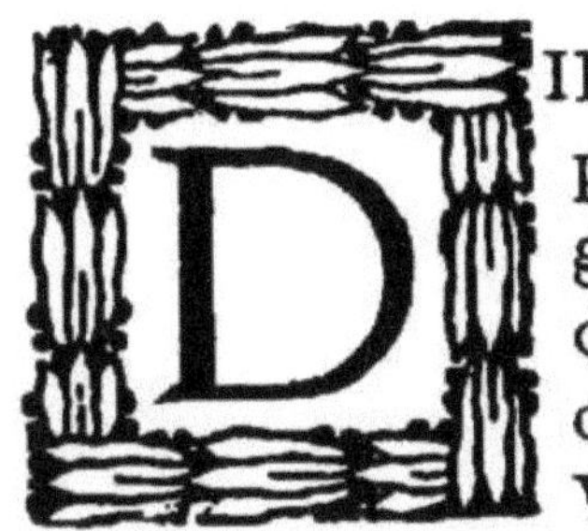

DIE Anfänge und ersten Entwicklungsphasen der künstlerischen Photographie hängen eng mit der Erfindung zusammen, das Bild der Camera obscura, deren Idee Leonardo da Vinci schon bekannt gewesen ist, festhalten zu können. Und es gibt zu denken, wenn man sich der zahlreichen Debatten in den letzten Jahren erinnert, daß es mit in erster Linie Maler waren, die die Erfindung verteidigten, sie für die Kunst als äußerst wertvoll priesen. Delaroche schrieb 1839 in einem Gutachten zu der „wunderbaren und merkwürdigen" Entdeckung: „Was mich hauptsächlich überrascht, ist das erreichte Ziel eines früher nie erreichten, köstlichen, in nichts die Ruhe der Massen störenden, allgemeinen Eindrucks. Die Richtigkeit der Linien, die klare Darstellung der Form sind so vollkommen als möglich."

Über dieses Urteil wird jeder erstaunen, der ein Daguerrotyp aus den ersten Tagen in der Hand gehabt hat. Drehen und wenden muß der Beschauer die versilberte Kupferplatte, um das Bild zu erkennen.

Wir müssen hier darauf verzichten, Daten anzugeben, die Jahre und einzelnen Etappen zu schildern, welche für die Entwicklung der Photographie so wichtig wurden, dies gehört in das Gebiet der Optik, der Chemie, mit deren Hilfe es in relativ kurzer Zeit möglich wurde, gute, kopierfähige Negative und Material für positive und haltbare Bilder herzustellen. Diese Zeit aber reichte hin, den Künstlern das Interesse an der Erfindung zu verleiden. Als das Geheimnisvolle, das Erstaunliche fiel, die technischen Schwierigkeiten sich verringerten, als versucht wurde, die Erfindung für alle möglichen Zwecke in Anspruch zunehmen, erlosch die Begeisterung und die Freude bei den Künstlern. Hofften sie anfangs, in der Photographie ein schönes Mittel gefunden zu haben, ,,eine Sammlung von Naturstudien'' zu erhalten, wie sie sie sonst nur mit großem Aufwand an Zeit, Mühe und doch nicht in so vollkommener Art herstellen konnten, so wurde sie jetzt für sie eine rein wissenschaftliche Erfindung, die mit der Kunst nichts mehr gemein haben durfte. Hatten sich in den ersten Jahren vornehmlich Maler mit der Herstellung von photographischen Bildern, meist als Mittel zum Zweck, als Ersatz für die detaillierte

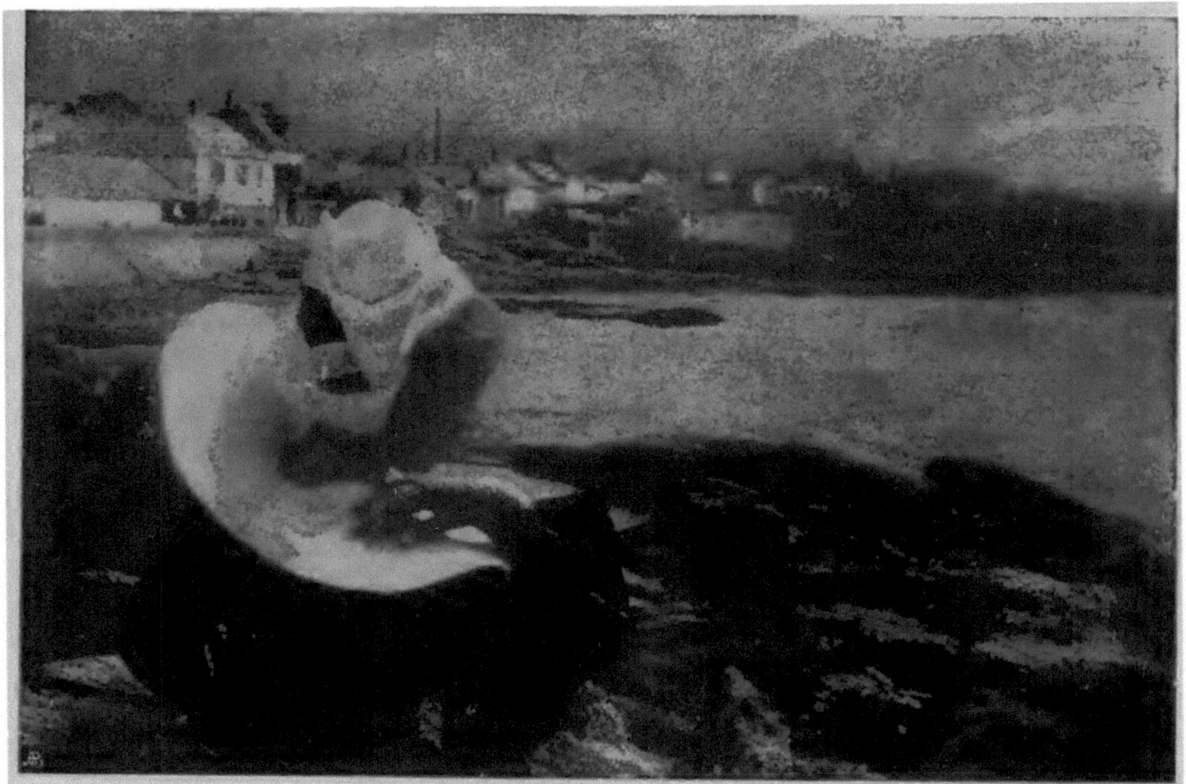

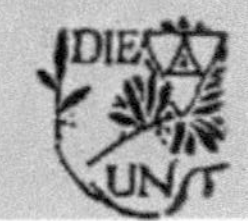

Robert Demachy, Paris
IN DER BRETAGNE
n. e. Gummidruck.

Zeichnung beschäftigt, so begann man jetzt in der Photographie neben den optischen und chemischen Aufgaben die gewerbsmäßige Ausnutzung und auch schon die Unterhaltung für Müßige zu sehen.

In einem Zeitraum von knapp fünfzehn Jahren hatte die Photographie eine sehr beträchtliche Verbreitung gefunden, meist durch kaufmännische Spekulanten, die durchaus keine künstlerische Schulung, durchaus kein anderes Interesse als das des Erwerbs hatten.

Der schwerwiegende Umstand der sehr langen Belichtungszeit, der der geschäftlichen Ausnutzung hinderlich war, wurde im Jahre 1851 durch Erfindung des „nassen Verfahrens" einigermaßen gehoben. Bis dahin benutzte man eine Art Negativpapier, das eine außerordentlich lange Exposition und Anordnungen erforderte, die die Photographie nicht populär machen konnten. Jedoch auch mit der Einführung der nassen Platten, die jeweilig vor der Aufnahme präpariert und naß verarbeitet wurden, machte die Durchzeichnung des Negativs, vornehmlich im geschlossenen Raume, noch große Schwierigkeit. Die Belichtung zählte immer noch nach Minuten und der Photograph war genötigt, Mittel zu ersinnen, um scharfe Negative zu erhalten. Aus dieser Zeit, datieren wohl die Kopfhalter, die Postamente, Balustraden, die noch vor ein paar Jahren in jedem photographischen Atelier zu finden waren.

Dem Kopfhalter und Postament folgten bald, um das Ansehen des photographischen Bildes zu steigern, es dem Erzeugnis des Malers ebenbürtiger aussehen zu lassen, weiteres Beiwerk, wie es in berühmten Gemälden vorkam und darum „künstlerisch" sein mußte. Zunächst war es die Säule und der Vorhang, denen wir einzeln oder zusammen in den meisten uns bekannten Bildern aus den fünfziger und sechziger Jahren begegnen, trotzdem von Kritikern und Fachmännern auf das Unwahrscheinliche dieser Wiederholung hingewiesen wurde.

Der englische Fachmann Robinson eiferte mit als erster besonders gegen seine Kollegen als die größten Nachahmer. Er schrieb Anfang der sechziger Jahre in der „Photographic News": „In gemalten Bildern hat die Säule einen Schein von Möglichkeit, die Art aber, wie sie in der Photographie angewendet wird, ist absurd; denn sie steht gewöhnlich auf einem Teppich. Nun wird aber jedermann überzeugt sein, daß Marmor- oder Steinsäulen nicht mit einem Teppich als Fundament aufgebaut werden. Es kam aber ein noch tieferer Scharfsinn zum Vorschein. Hölzerne Säulen waren noch nicht schlecht oder wohlfeil genug, so verfiel man auf die Nachahmung jener falschen Säulen, fabrizierte sie aus einem dünnen Brett, überzog dieses mit Leinwand und malte es perspektivisch rund. Diese „Säule" konnte nur von einem Gesichtspunkte richtig wirken, was aber fast immer übersehen wurde. Dann, in einem Anfall von Genialität dehnte irgend jemand die Anwendung dieser Profilpappen auch auf andere Gegenstände aus, z. B. auf Stühle, Klaviere, Kamine, endlich auf ein Universalmöbel, das bald ein Klavier, bald ein Büchergestelle od. dgl. vorstellte, eine Art von ökonomischem Hausgerät in einem Stück."

Auch andere Männer, Photographen und Kritiker, sind fast ohne Unterbrechung bis auf den heutigen Tag gegen die mangelhafte Vorbildung und das geringe Streben nach Vervollkommnung in der bildmäßigen Photographie aufgetreten. In Frankreich und England in früheren Jahren mehr als in Deutschland.

Der kaiserliche Hofphotograph Disdéri in Paris brachte schon 1855 seine Erfahrungen in der Porträtphotographie zu Papier. Durch sein „Manuel" und die „Renseignements" hatte er den „Photographen von Fach sowohl wie den Dilettanten einen Wegweiser geben wollen, der ihnen das Mißlingen der technischen Operationen ersparen und Unterstützung

in bezug auf den rein künstlerischen Teil ihrer Er-
zeugnisse gewähren sollte“.

In England traten u. a. Alfred Wall und Claudet
1860 für eine künstlerische Erziehung der Photographen auf. Der erstere stellte die Behauptung
auf, daß „das Licht in der Photographie dieselbe
Rolle spiele wie der Pinsel beim Zeichnen; daß eine
Photographie das Erzeugnis des Dunkelkastens genau
in demselben Sinne sei, wie das Gemälde das Ergebnis des Malens; daß schlechte Photographien, wie
zahlreich sie auch immer sein mögen, keine gültigeren
Einwürfe gegen die Photographie sind, als schlechte
Gemälde gegen das Malen“.

Aber es hat wohl von Anfang an schon zu zahlreiche schlechte Photographen gegeben! Trotz aller
theoretischen und praktischen Versuche, den photographischen Beruf zu fördern, wurde nur herzlich
wenig erreicht. Mit ganz geringen Ausnahmen war
und blieb der Photograph nur Handwerker in seinem
Laboratorium, im Besitz einiger Rezepte, die er
als „Geheimnis“ bewahrte, und inmitten seiner
Flaschen. Er interessierte sich ebenso wenig für die
Neuerungen und Entdeckungen in der Praxis
als für ein mannigfacheres Aussehen seiner Bilder. In
keiner Hinsicht vorgebildet, konnte er schließlich
nichts anderes tun als nachahmen. Er tat es und

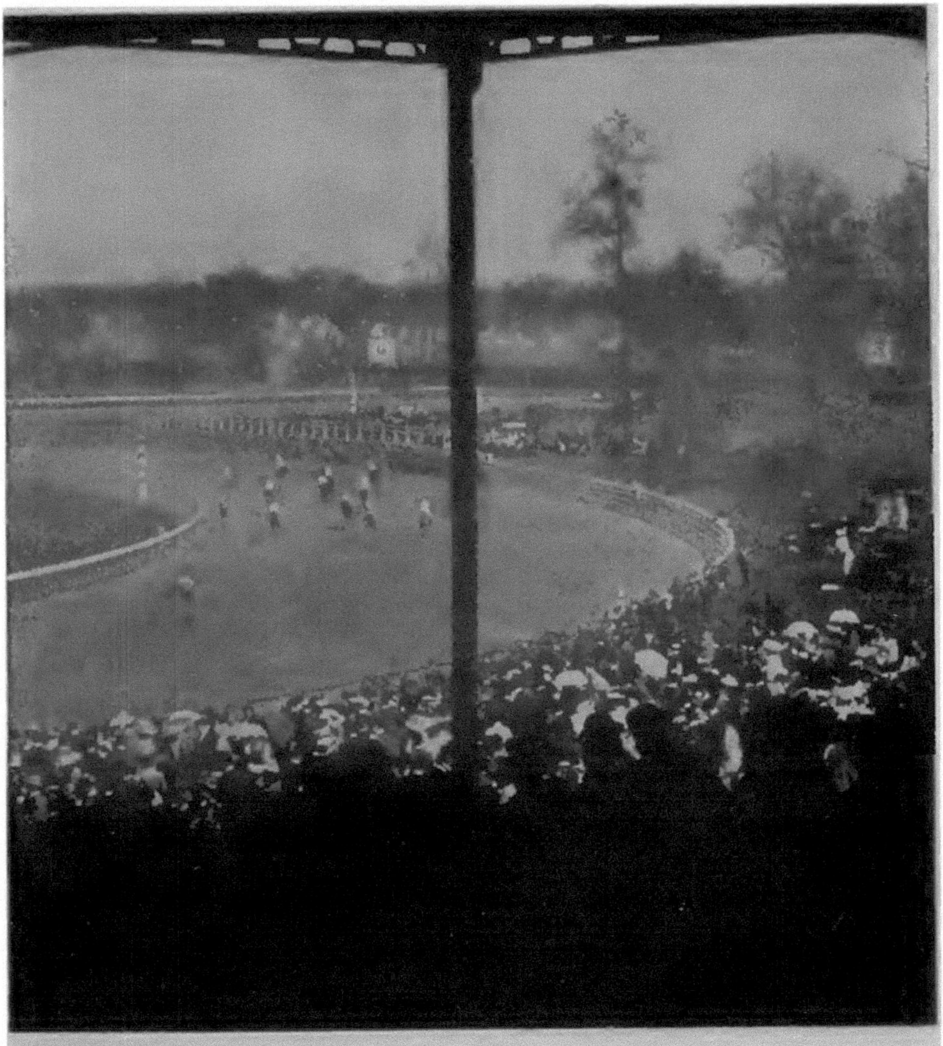

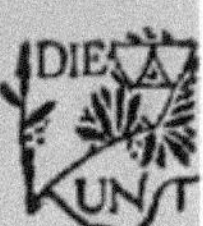

Alfred Stieglitz, New York
START
n. e. Platindruck.

kam nicht viel über die Säule und den Vorhang hinaus.

Die Säule, der Vorhang und das ovale Tischchen sindt ypisch für die Porträtphotographie vor 1870, vor und an diesem „Beiwerk" saß, oder stand die „ganze Figur, das Kniestück, das Brustbild".

Dennoch fand diese billige Art Bildnisphotographie, oder besser Porträtindustrie den Beifall des Publikums wegen ihrer Wohlfeilheit und ihrer scheinbar größeren Ähnlichkeit gegenüber der Bildnismalerei.

UR verschwindend wenig Dokumente sind uns aus den ersten dreißig Jahren der Photographie geblieben, die eine edlere, künstlerische Auffassung des Materials beweisen.

In einem kurzen Aufsatz „Zur Geschichte der künstlerischen Photographie" (Photogr. Centralbl. 98) wird ein Vortrag von Hughes im Jahre 1860 in London über „Die photographische Kunst, ihren Zweck und ihre Charakteristik" erwähnt, nachdem schon damals die Photographien in drei Klassen eingeteilt und beurteilt wurden. Die mechanische Photographie, hieß es, umfasse alle Arten von Bildern, die eine bloße Wiedergabe der Gegenstände mittels der Kamera sind; zur Kunstphotographie wären alle Bilder zu rechnen, bei welchen der Künstler den aufzunehmenden Gegenständen seinen Geist einzuflößen sucht, indem er sie anordnet, abändert u. a., damit sie in einer ansprechenderen Weise erscheinen; als hohe Kunstphotographien könnten nur einzelne, vollkommene Bilder bezeichnet werden. Der

Redner erwähnt dann rühmend 16 Bilder von Mayall aus den Jahren 1845—48, solche von Rejlander und Robinson.

Mit Ausnahme einiger Photographien von Robinson, und zwar solcher aus einer wesentlich späteren Zeit, haben wir bis vor wenigen Jahren keine gekannt, die Anspruch auf künstlerische oder malerische Wirkung erheben konnten. Um so mehr wurden wir überrascht, als Craig Annan, einer der begabtesten modernen englischen Kunstphotographen, die Hamburger Ausstellung 1893 mit einer Anzahl Einzelporträts und Porträtgruppen des englischen Malers, späteren Photographen Oktavian Hill, beschickte, die dieser 1845 anfänglich nur zur Unterstützung seiner Malerei gemacht hatte.

Diese Bilder waren von einer erstaunlichen Frische und wahren Lebendigkeit; Haltung, Ausdruck, meistens auch die Lichtführung, vornehmlich aber die Anordnung so ganz anders als sie Disdéri und Robinson in ihren Büchern beschreiben, loben und tadeln, daß man wohl versteht, warum Hill und mit ihm vielleicht mancher andere Malerphotograph aus den ersten Jahren in ihnen nicht erwähnt wird. Allerdings soll Hill nur kurze Zeit so selbständig und kühn photographiert haben. Er wollte seinen Anteil an der „goldenen Epoche der gewerbsmäßigen Photographie" nicht verlieren und kam, wie so viele seiner Kollegen, bald dem Publikum mit der üblichen Auffassung und retuschierten oder kolorierten Bildern entgegen. Dem Maler lag es nahe, kleine Mängel im positiven Bilde auszubessern und Farbe anzudeuten. Er mag auch diese Aufgabe noch erträglich gelöst haben; daß aber der als Maler nicht ausgebildete Photograph dabei in eine verderbliche Manier fallen mußte, liegt nur zu nahe.

Ein mächtiger Wechsel in der Ausführung von photographischen Bildnissen soll mit dem Jahre 1867 eingetreten sein, verursacht durch eine Ausstellung von Bildern Adam Salomons in Paris. Vor dieser Zeit, berichtet der schon genannte Robinson im „Year Book", waren die Photographen mit wenigen Ausnahmen zufrieden mit einer flachen Beleuchtung, einem glatten Hintergrund oder einer unpassenden, oft unmöglich gemalten Landschaft. Die Gesichter zeigten neben dem unnatürlichen Ausdruck jede Sommersprosse, alle Falten und Runzeln der Haut. Die vorherrschenden Eigenschaften der Bilder Salomons dagegen waren Reichtum und Tiefe und Zartheit in den Tönen. Der gleichmäßige Hintergrund war verbannt. Salomon zeigte, daß eine Abstufung von Licht und Schatten in jedem Teile des Bildes möglich sei. Er beschattete teilweise den Hintergrund, er

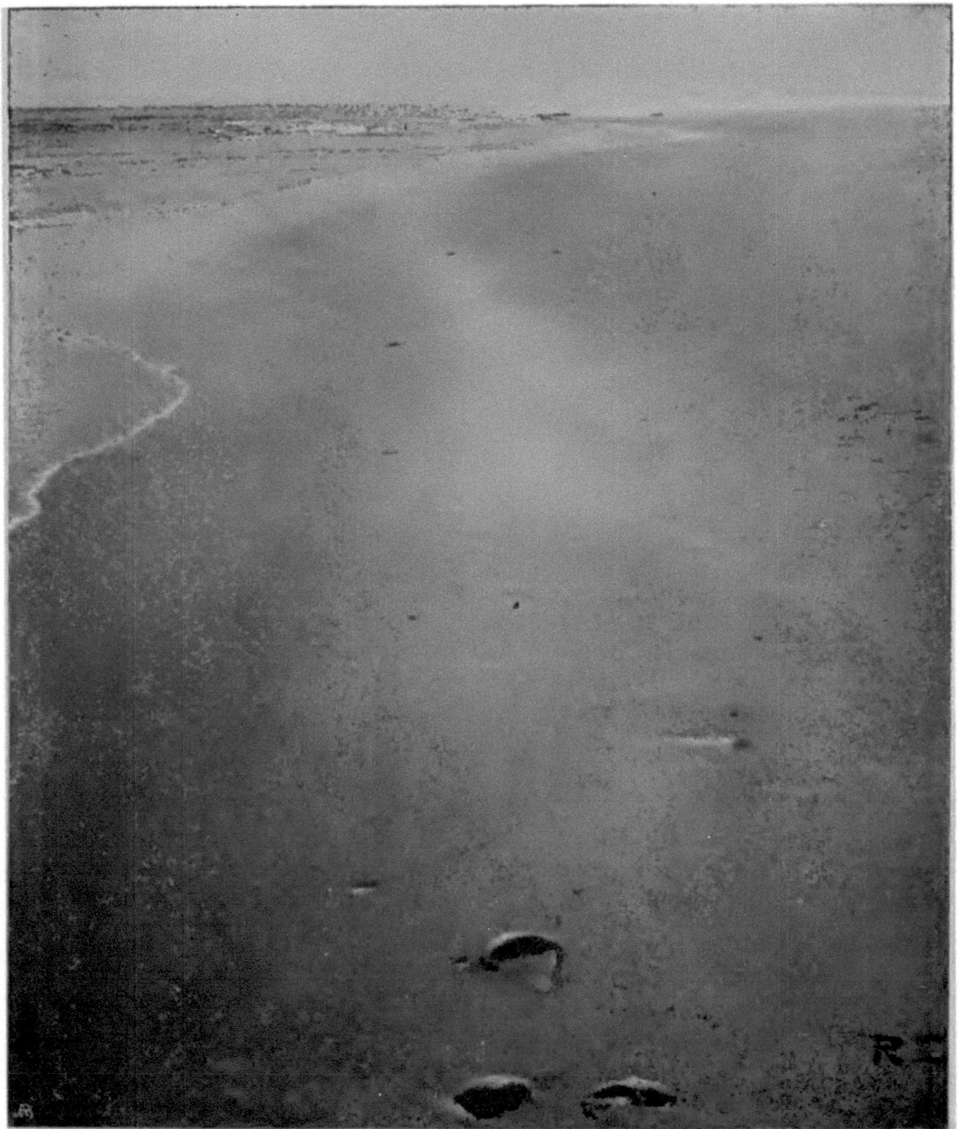

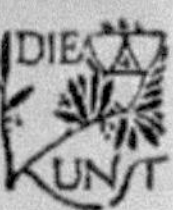

Rud. Eikemeyer, New York
DER STRAND
n. e. Platindruck.

regelte Licht und Schatten so, daß er die hellen Stellen der Figur durch Schatten und umgekehrt die tiefen Stellen durch lichteren Hintergrund hervorheben konnte. Und durch diese einfache Methode vermehrte er die Kraft und Durchsichtigkeit des ganzen Bildes.

Wir können dieses Urteil nicht nachprüfen, jedoch aus ihm Schlüsse auf die weitere Entwicklung der Porträtphotographie ziehen. Wenn wir den begeisterten Worten Robinsons vertrauen, — und wir können dies, scheint mir, denn er hat auch über die Malerei seiner Zeit manche treffende Bemerkung gemacht—, so wurde die Ausstellung der Bilder Salomons zum Signal der rapide um sich greifenden Verschönerungsversuche der Photographen in ihren Bildern. Die um 1860 herum erfundene Negativretusche, das Mittel, „das göttliche Antltz des Menschen in eine marmorne Büste zu verwandeln", förderte diese Verschönerungsversuche noch mehr. „Das Natürliche wurde außer acht gelassen, die Ähnlichkeit beeinträchtigt, und statt Fleisch erhielt man Elfenbein". Die Vorteile der Negativretusche war für die damalige Zeit in den Händen der gewissenhaften Photographen groß. Mit ihr war es möglich, technisch mangelhafte Platten zu verbessern, die gelben Sommersprossen, die im Gesicht oft kaum merkbar sind, in der Photographie aber schwarz erscheinen, zu beseitigen, die Lichter und die Schatten zu dämpfen oder zu verstärken. Aber auch hier konnte nur der künstlerisch vorgebildete Photograph gewissenhaft sein, der genau wußte, welche Stellen im Bilde der Nachhilfe bedurften. Für die anderen wurde die Retusche eine ebenso mechanische Arbeit wie der vorhergehende Prozeß. Es wurde nicht ausgebessert, sondern umgestaltet. Die Form, in deren Wiedergabe die Photographie an sich schon nie sonderlich stark war, verlor unter den Händen der Retuscheure jede Haltung, jeden Charakter.

Der Retuscheur wurde zum Sonderberuf im photographischen Gewerbe. Er arbeitete auf „Korn", wählte für weibliche Bildnisse ein zarteres, für männliche ein gröberes, bedeckte die Gesichter mit zahllosen Pünktchen und Strichelchen, bis sie glatt, rund und schön aussahen. Diese Verschönerungsbemühungen entsprachen nur zu sehr der Geschmacksrichtung des großen Publikums. An ein Halt wurde nicht mehr gedacht, die Retusche wurde mit der wesentlichste Faktor der Porträtphotographie und der Verödung des ganzen Berufs.

Die Arbeit des Photographen im Atelier stand mit der seines Retuscheurs ganz im Einklang. Auch hier gab es nur Manieren. Mit ganz vereinzelten

Ausnahmen bestand die Leistung in der Anordnung mit wenigen Variationen, in der Exposition, der Entwicklung einer bestimmten Art von Trockenplatte und dem Kopieren derselben auf zwei oder drei verschiedene Kopierpapiere. Dazu kam noch eine gewisse Fertigkeit in einigen anderen Arbeiten, im Vergrößern und in der Reproduktion. Irgend welche theoretische Ausbildung war nicht vorhanden, konnte nicht vorhanden sein, weil dem Betreffenden dazu in seiner Jugend die Gelegenheit, im Alter die Muße und Lust gefehlt hatte.

Die an den Beruf gestellten Forderungen wurden mit der Zeit eher geringer als höher und veranlaßten, daß sich eine Menge ganz unbefähigter, zum Teil in anderen Stellungen gescheiterter Existenzen in den Stand der Berufsphotographen hineindrängten, die den Zusammenbruch der traditionell gewordenen Anschauungen beschleunigten.

Anfang der neunziger Jahre kam dann noch die Großindustrie, um der alten Schule, soweit noch von einer solchen zu sprechen war, den Rest zu geben. Da die individuelle Leistung nicht mehr mitsprach, hatte die Warenhausphotographie mit ihren reichen Mitteln leichten Stand. Sie untergrub in kurzer Zeit zahlreiche kleine Existenzen, wurde aber auch den großen gefährlich. Allgemein sah man mit schweren Sorgen der Zukunft entgegen und beriet hin und her, sich aus diesen unhaltbaren Zuständen zu befreien. Es schien jedoch keinen Ausweg zu geben.

Als der Ausweg endlich kam, brachten ihm die meisten Photographen nur Mißtrauen entgegen. Nur ganz wenige sahen den Schein seiner Richtigkeit und seines Wertes ein. Er kam auch von einer Seite, von der er garnicht erwartet wurde — von der Seite der Liebhaberphotographen, deren erfolgreiche Tätigkeit im großen mit den Ausstellungen in Wien und in der Hamburger Kunsthalle 1891 und 1893 einsetzte.

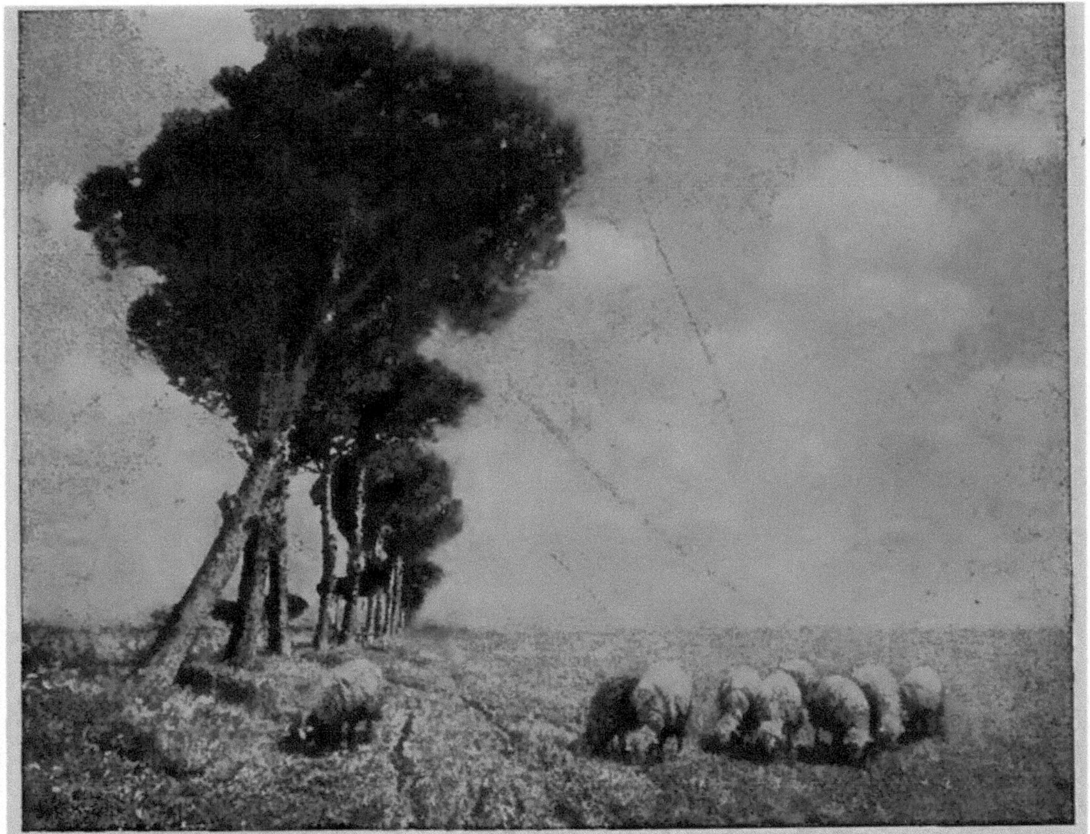

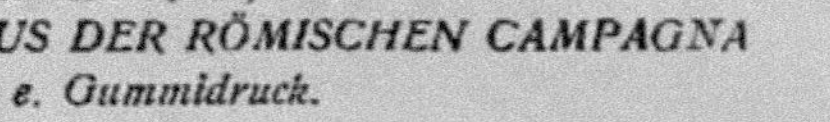
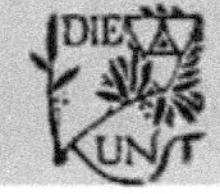

Heinrich Kühn, Innsbruck
AUS DER RÖMISCHEN CAMPAGNA
n. e. Gummidruck.

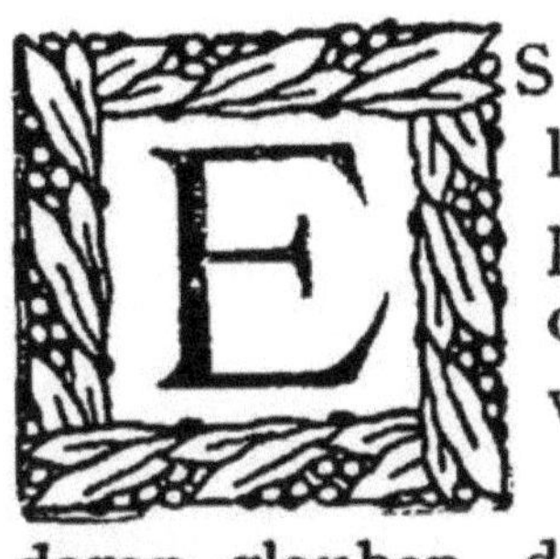 S nimmt auf den ersten Blick vielleicht wunder, daß die Liebhaberphotographen kommen mußten, um den Berufsmenschen den Weg zu weisen.

Die Photographen wollten nicht daran glauben, daß ihnen, die doch nach ihrer Meinung ihre ganze Kraft für ihren Beruf einsetzten, die dem einen Gegenstand ihre ganze Arbeit widmeten, daß ihnen von der Seite der Liebhaber irgend etwas Neues, Brauchbares kommen sollte. Der Liebhaber, der allenfalls Reiseeindrücke, nette Landschaften, zufällige Genrebildchen mehr oder weniger schlecht wiedergab, konnte ihn, den erfahrenen Praktiker nichts lehren.

Dennoch kam es so. Der Amateur sollte dem Fachmann Lehren geben, ihn aus seiner schablonenhaften Tätigkeit herausreißen, ihm die Augen für Natur und Wahrheit öffnen, ihm nicht nur das Handwerkszeug, sondern auch sein Publikum zurichten. Freilich erreichte dies der Amateur ganz langsam in eifrigstem Streben, einem Streben, das der Fachmann völlig verlernt oder nie gekannt hatte. Anfangs boten sich ihm infolge der Umständlichkeit der Ausübung viele Schwierigkeiten, erst als diese durch die Vervollkommnung der technischen Behelfe und die Anwendung wissenschaftlicher Errungenschaften gehoben waren, als er das Handwerkliche beherrschen, besser beherrschen gelernt hatte als der Fachmann, konnte er als Lehrmeister auftreten.

Ohne Zweifel sind die Fortschritte des Amateurs, „dem rein technischen Verfahren Kunstwerte einzuimpfen", nicht ganz selbständig aus dem Material oder der Begabung des einzelnen abzuleiten, sie sind vielmehr unschwer auf die Bewegung in der bildenden Kunst zurückzuführen. Es erscheint aber ungerecht, diese Fortschritte der Imitation gleichzustellen und bei der Besprechung oder Betrachtung die Photographie mit dem etwa vorschwebenden Werk der Malerei zu vergleichen. Die Amateure, „welche das Talent künstlerischen Schauens in sich trugen, ohne sich bis dahin dieses Vorzuges bewußt zu werden, gelangten von der Bewunderung der Natur zum Verständnis der Kunst. Sie lernten die motivische Auswahl, den Wohllaut des überlegten Raumausschnittes, den durch charakteristische Verstärkung erhöhten Stimmungsausdruck erkennen. Und dieser

Einblick in die Gefühlswerkstatt des Landschafts-malers leitete weiter zum Erfassen der künstlerischen Wiedergabe der Persönlichkeit. Ohne Kopisten zu werden, konnten sie sich sehr wohl in die Licht-magien Rembrandts wie in die Werke der modernen Landschafter einleben und aus ihnen das Entscheidende der charakteristischen Beleuchtung, der Bilderschei-nung u. a. lernen." Sie lernten in der Überzeugung, daß sie sich auf sich allein nicht verlassen durften und erwarben sich die Kenntnisse durch das Studium der Werke der Malerei als eigenen Besitz.

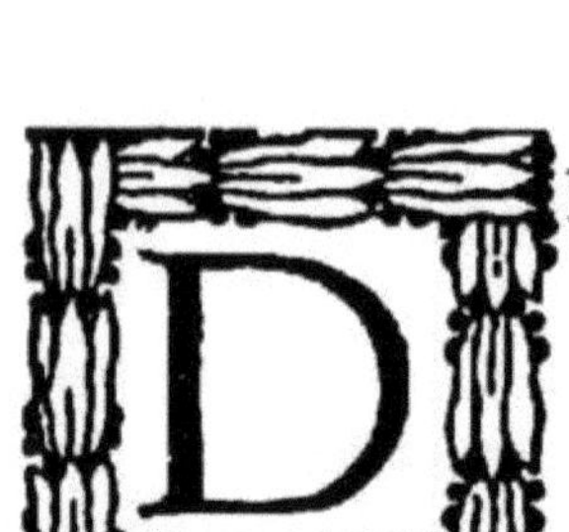IE Geschichte der künstlerischen Amateur-Photographie, der neuen technischen Errungenschaften, der Bereicherung der Ausdrucksmöglichkeiten ist gleichzeitig die Geschichte der hervorragendsten Vereine zur Pflege der Photographie. Ganz besonders gilt dies vom „Camera-Club" in Wien, der als Pionier eine einzigartige Stellung in dieser Geschichte einnimmt, die auch von den ausländischen Vereinen anerkannt wird. In Deutschland gebührt der Hamburger „Gesellschaft zur Förderung der Amateurphotographie", in Frankreich dem Pariser „Photo-Club", in England dem Londoner „Linked Ring", in Amerika dem „Camera-Club" in New York, der heutigen „Photo-Secession" ein Ehrenplatz in der Entwicklungsgeschichte der künstlerischen Photographie.

Das uneigennützige Streben der begabten Mitglieder und die erfolgreiche Agitation der Führer dieser Vereine kann für die bildmäßige Photographie nicht hoch genug eingeschätzt werden. Sie leisteten

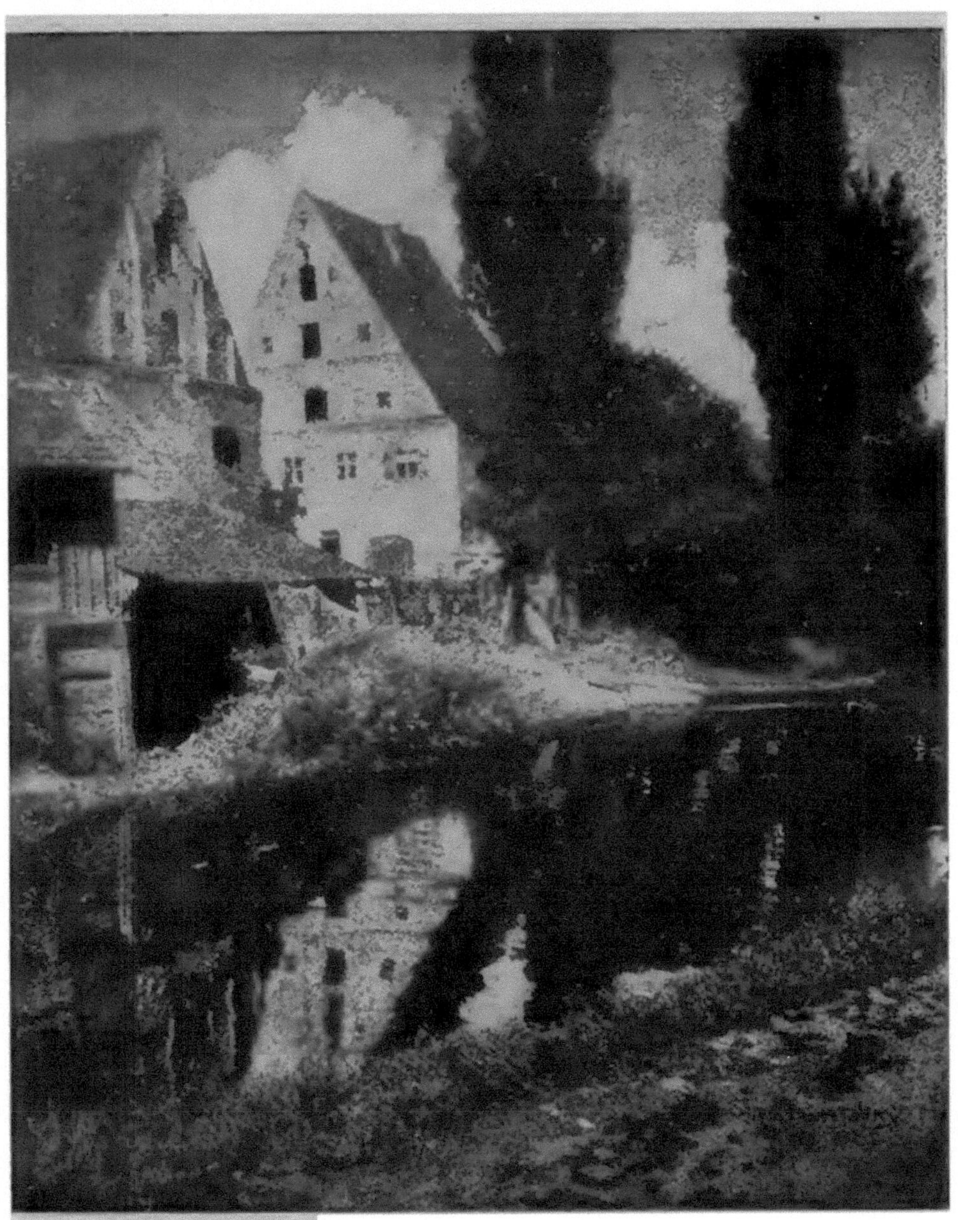

Hans Watzek †, Wien
ALTER STADTGRABEN
n. e. Gummidruck

eine Arbeit, die in der ersten Zeit nicht beachtet, deren künstlerisches Ziel nicht ernst genommen oder als irgendwie wertvoll, für das Leben, die Kultur brauchbar gehalten wurde. Sie hatten zu kämpfen gegen Widersacher innerhalb ihrer Vereine, gegen die Unterschätzung und falschen Urteile der Öffentlichkeit, ohne daß ihnen jemals eine nennenswerte materielle Förderung, eine besondere Aufmunterung, in ihren Bemühungen zu verharren, zuteil wurde.

Solange die Amateur-Photographie nur als harmlose Spielerei gepflegt wurde, konnte wohl der Maßstab entbehrt werden, als aber positive Erfolge die ernsthafte Auffassung und Ausübung des Materials bekundeten, hätte die Anerkennung manchen Unsicheren gestärkt und die Arbeit wesentlich erleichtert und gefördert.

Noch heute schwankt das Urteil. Zuweilen bekommt man noch heute einiges „von dem zersetzenden Einfluß der sogenannten künstlerischen Photographie auf das Kunstganze" zu lesen.

ROTZDEM mit den Mitteln der Photographie von jeher künstlerische Wirkungen erprobt wurden, kam es, wie schon im Vorwort bemerkt wird, zu einer wirkenden Bewegung erst in den neunziger Jahren. Der Anfang dieser Bewegung ist für uns in Wien zu suchen. Hier hatten sich vor 20 Jahren kunstsinnige Liebhaber zusammengetan und den später so bekannt gewordenen „Camera-Club" gegründet. Das Wesentliche bei dieser Gründung war, daß sie mit der bestimmten Absicht erfolgte, in erster Linie die künstlerische Photographie zu pflegen. Und das Streben nach künstlerischer Betätigung war ein eifriges und ernstes.

In den ersten Jahren wurde im Klub, erzählt der ehemalige Vorsitzende Alfred Buschbeck, fast durchweg das Hauptgewicht auf die Auswahl eines künstlerisch ansprechenden Motivs gelegt. Mit vieler Mühe wurden Bilder in der Landschaft gesucht, die durch ihre Linienführung, durch ihre Beleuchtung

etwas ausdrückten, mit großem Fleiß und Beharr-
lichkeit Staffagen zusammengestellt, deren Wechsel-
beziehung irgend einen Gedanken, eine Anekdote
darstellen sollte, also dem Genre gehuldigt; im Bildnis passende Zutaten, ja ganze Zimmereinrichtungen
komponiert u. a. — aber trotz all dieser mühevollen Bestrebungen entsprachen die Erfolge in den seltensten
Fällen der Konzeption, weil man damals noch zu
sehr unter der Herrschaft des Apparates und der
gewerbsmäßigen Wiedergabe stand. Mit dem Öffnen
des Objektivdeckels trat der Autor hinter das Lehr-
buch mit den Rezepten zurück. Zu den Aufnahmen
wurden möglichst die besten Objektive in kleinster
Abblendung benutzt und deren Arbeit als die wahre,
weil liniengenaue Wiedergabe der Natur angesehen.

Im vierten Jahre seines Bestehens ging dann der
Klub daran, eine Ausstellung mit folgender, für die
Photographie neuen Grundlage ins Leben zu rufen:
Nur der künstlerische Wert eines Bildes sollte maß-
gebend für seine Zulassung sein, und nur ausübende
bildende Künstler sollten die Aufnahmejury bilden.

Der Erfolg dieser Ausstellung war nicht nur für
den Klub epochemachend, er gab den wirkenden
Anstoß zu einer allgemeinen Bewegung auch in den
deutschen Vereinen und der raschen Entwicklung
der künstlerischen Technik.

So erzählt der schon erwähnte A. Buschbeck:
„Das Überraschendste, das uns die Beteiligung der
Engländer an unserer Ausstellung brachte, war die
Erkenntnis, daß die Photographie nicht nur imstande
sei, das Gesehene in peinlicher Treue wiederzugeben,
sondern auch, was für die künstlerische Wiedergabe
von ebenso großem Werte ist, vieles wegzulassen."
Und aus dieser Erkenntnis erwuchs die unscharfe
Richtung in der Photographie, das nebensächliche
Detail zugunsten der großen Form, das Gewöhn-
liche zugunsten der poetischen Stimmung zu ver-
nachlässigen.

Die unscharfe Richtung! Wir können von einem
Kampfe gegen diese Unschärfe erzählen, von einer
Empörung Tausender von Photographen, die diese
Bestrebung als einen Verrat am Material bezeichneten. Maler wurden als Kritiker aufgerufen, und
man begeisterte sich an Gutachten Vautiers, Kießlings und Körners, die besagten, „daß das einzig
richtige Ziel der Photographie die vollkommenste
Wiedergabe der Natur in aller Schärfe sein müsse (!)
Der Versuch, der Photographie das Aussehen zu
geben, als wäre das Dargestellte etwas anderes, sei
in jedem Falle unwürdig".

Es erscheint überflüssig, dieses Gutachten hier
zu widerlegen, zumal sich die künstlerisch vorwärts-

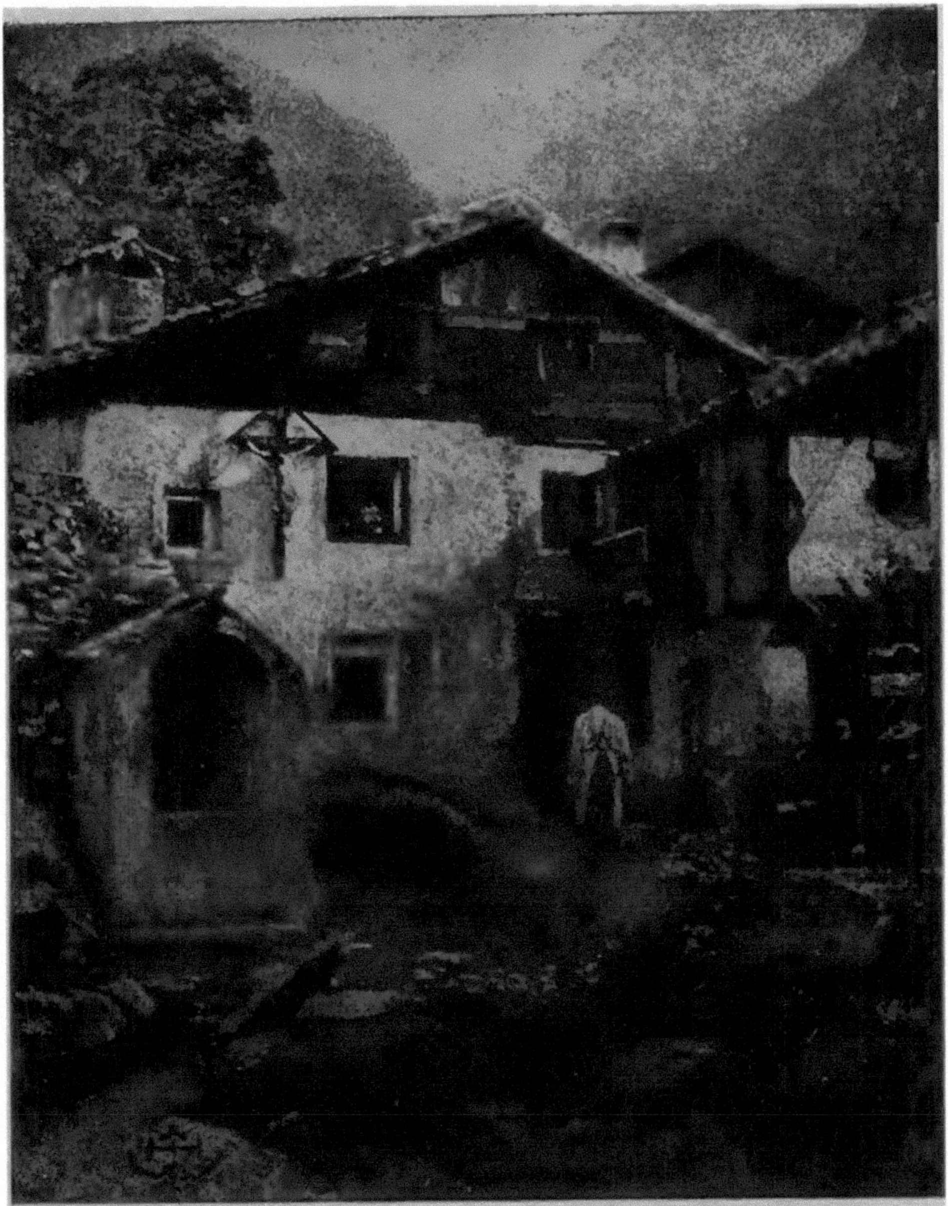

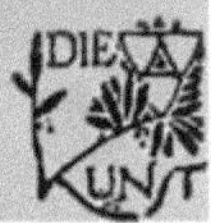

Hans Watzek †, Wien
TIROLER BAUERNHAUS
n. e. Gummidruck.

strebenden Photographen durch dasselbe nicht haben beeinflussen lassen, sondern ihrer Erkenntnis treu blieben.

Der Ruf nach Schärfe oder Unschärfe bildete eine Zeitlang das Thema, dessen eingehende Behandlung viel Gutes zur Folge hatte. Wir stehen heute ungefähr auf dem Standpunkt, daß im allgemeinen eine gewisse Schärfe der wesentlichen Dinge im Bilde als Ausdrucksmittel nicht wohl zu entbehren ist, daß dagegen Fälle vorkommen können, in welchen man im Interesse der Flächenwirkung und der Stimmung auf Schärfe vollkommen verzichten kann.

In jedem Fall, schreibt Miethe, ist an der Unschärfenrichtung sehr viel Wahres und Wertvolles. Das Herabstimmen alles Nebensächlichen und das Hervorheben der großen Form durch eine absichtliche Unschärfe kann je nach den Umständen nützlich oder schädlich sein, und sicher ist die zweckmäßig eingeführte Unschärfe jener unheimlichen Schärfe vorzuziehen, welche wir an so vielen Photographien als direkt störend empfinden.

Es sind viele Mittel erfunden und angewandt, den erwünschten Grad der Unschärfe zu erhalten. Wir erwähnen nur die unscharfe Einstellung, ein leichtes Bewegen der Camera mittels mechanischer

Einrichtung, das Lichtbeugungsgitter vor oder hinter der Linse, die einfache, unkorrigierte Linse — das sog. Monokel, mit welchem der verstorbene Hans Watzek Mitte der neunziger Jahre einen Teil seiner überzeugenden Resultate erzielte. Sieht man aber von der Herstellung unscharfer Negative ab, so gibt es andere Methoden, um nach scharfen Negativen unscharfe Positive herzustellen, entweder durch die Art des Kopierens, durch die Vergrößerung und mit Anwendung wieder des Beugungsgitters, durch körnige Papiernegative u. a. m.

Aus dieser nicht unerheblichen Anzahl von Mitteln allein ist zu ersehen, wie ernst und mit welchen sicheren Vorstellungen die Gegner der allzu scharfen, zu genauen, dem Auge unnatürlich detailliert erscheinenden Photographien arbeiten.

Gewiß sind derer nicht viele, die über die nötige Erfahrung, den richtigen Takt verfügen, den natürlichen Grad der Unschärfe, sagen wir desjenigen, was außerhalb des Gesichtsfeldes liegt oder den Eindruck des Aufgelösten, des Zerfließenden im Gegenlicht, in der Dämmerung zu treffen, das kann aber für uns hier nicht ins Gewicht fallen. Wir müssen nur unterscheiden zwischen der Unschärfe des technischen Nichtkönnens und derjenigen einer wohlüberlegten Absicht.

Das eigentliche Ziel, um dieses nicht aus dem Auge zu verlieren, ist bei diesen Bemühungen immer die Wiedergabe von Stimmungen im Gegensatz zu ausdruckslosen Ansichten, künstlerischer Eindrücke vor der Natur, die eben durch eine gleichmäßig scharfe und gleichgültige Darstellung der einzelnen Gegenstände im Bilde nicht aufkommen kann.

Hand in Hand mit dem Streben, ein dem menschlichen Auge entsprechendes Abbild zu erhalten, gingen die Versuche, die mit jenen Mitteln hergestellten Aufnahmen auch auf feineren, geschmackvolleren Unterlagen zu kopieren.

Die Chlorsilberpapiere mit ihrer glänzenden Oberfläche fielen schnell dem käuflichen Platinpapier zum Opfer. Bald jedoch genügte auch dieses den hervorragendsten Mitarbeitern nicht mehr. Selbstpräparieren wurde die Losung. Damit war die Möglichkeit gegeben, in jedem einzelnen Bilde den Grad der Gegensätze zu bestimmen, den Gesamtton abzuwägen und endlich mit voller Freiheit durch die Wahl des Papiers dem Ganzen einen passenden, mitsprechenden Untergrund zu geben.

Ähnlich ging es dem käuflichen Pigmentpapier. Trotz seiner großen Vorzüge gegenüber den Chlorsilberpapieren konnte es sich nie großer Sympathie bei den unabhängigen Photographen erfreuen. Vielleicht der genauen und schwer zu unterdrückenden Wiedergabe der Einzelheiten wegen, vielleicht auch wegen der geringen Beeinflussungsmöglichkeit des einzelnen Bildes.

Der Erfinder dieses Verfahrens, der Franzose Poitevin, hatte aber auch die Erfahrung gemacht, daß eine mit chromsauren Salzen versetzte Schicht von arabischem Gummi, auf Papier übertragen und getrocknet, durch Belichtung unlöslich wird. Er setzte, um die Wirkung sichtbar zu machen, der Chromgummimischung Farbkörper zu, belichtete die so präparierte Schicht unter einem Negativ und erhielt nach Auswaschen der unbelichteten Stellen ein positives Bild — einen Gummidruck.

Dem Franzosen Robert Demachy gelang es zu Beginn der neunziger Jahre, Bilder in diesem Verfahren herzustellen, die durch ihre malerische Wirkung Aufsehen machten.

Hier nun setzen die wirklich großen Verdienste der Watzek, Henneberg und Kühn um die künstlerische Photographie ein. Aufmerksam geworden auf die Arbeiten Demachys, bemühten sie sich, dieselben kennen zu lernen. Überrascht von dem eigenartigen Ausdruck wandten sie sich ausschließlich diesem Verfahren zu und in jahrelangen Versuchen erreichten sie wesentliche Erweiterungen und Ver-

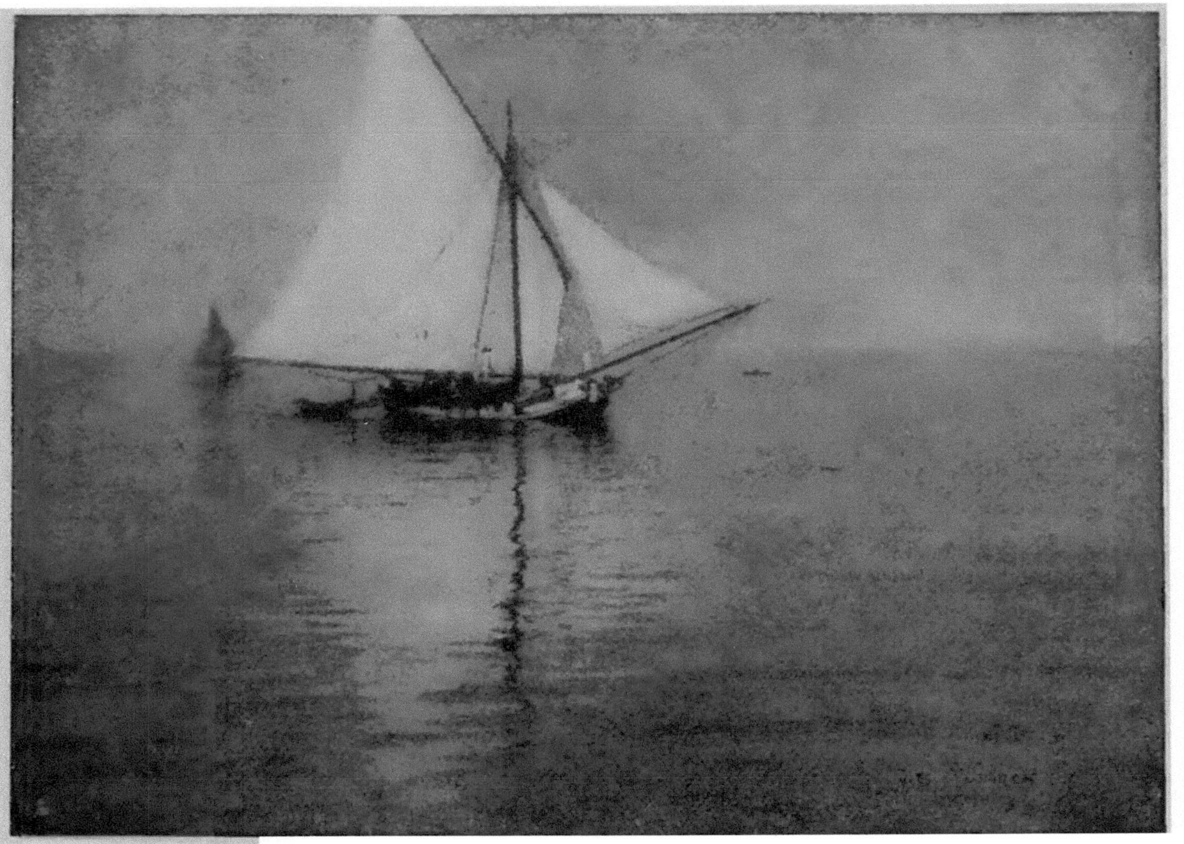

Hans Watzek †, Wien
WEISSE SEGEL
n. e. Gummidruck.

besserungen, deren hauptsächlichste der Kombinationsdruck war.

Anfangs kannte man auch beim Gummidruck nur das einmalige Kopieren und erhielt damit in den Bildern meist nur sehr geringe Tonabstufungen, die darum von gegnerischer Seite als unphotographisch aufs schärfste verurteilt wurden, der gegnerischen Seite nämlich, die sich an jenen Gutachten Vautiers und Kießlings begeisterte.

Die ersten Gummidrucke, die wir in Deutschland kennen lernten, waren Arbeiten von Heinrich Kühn auf der Berliner Ausstellung 1896. Den Eindruck, den diese Bilder hier machten, mögen einige Worte aus Dr. Stettiners Bericht schildern: „In den Frieden unserer Ausstellung, in die verhältnismäßig zahme Diskussion über die neuen Ziele der künstlerischen Photographie krachte wie eine Bombe — anders kann ich den Eindruck nicht bezeichnen — die Sendung Kühns, die die ersten Resultate der Versuche im sog. Gummidruck enthielt. Die Opposition galt aber nicht allein der Technik. Es war die kühne Konsequenz, mit der gerade das Primitive der Technik benutzt war, um impressionistische Studien im Sinne der modernen Kunst hervorzubringen, die ebenso großen Widerspruch fand.“

Man ließ sich durch den ersten flüchtigen An-
blick, durch äußerliche Effekte verleiten, von Nach-
empfindung und Unselbständigkeit zu reden bei gänz-
lichem Außerachtlassen des technischeu Ausdrucks.
Man verfiel, um einen Maßstab für die Beurteilung
dieser Photographien zu erhalten, auf Vergleiche
zwischen Photographie und Malerei, die, wie sie an-
gestellt wurden, zuungunsten der ersteren ausfallen
mußten. Man hielt sich an den Ausdruck, der zu
verstehen war und nicht an die Ausdrucksweise,
die als unwichtig des Studiums und gründlicheren
Kennenlernens erachtet und als „mechanische“ angesehen wurde.

Vorläufig stellte die Technik des Gummidrucks
aber so große Forderungen an die mit ihm Beschäf-
tigten, daß das rein Künstlerische in den Hintergrund treten mußte. Alles Denken war auf ihre
weitere Vervollkommnung gerichtet, und die Arbeiten der ersten Jahre müssen als Studien angesehen
werden.

Die ersten Gummidrucke zeigten, wie schon gesagt, nur geringe Tonabstufungen, zu schwere Schatten
und harte Lichter. Um diesen Übelständen abzu-
helfen, verfielen Watzek, Henneberg und Kühn in
gemeinsamen Versuchen auf den Kombinationsdruck.
Watzek schreibt über diesen in dem von mir her-

ausgegebenen Werk „Gummidrucke von W., H., K.“:
„Beim Kombinations-Gummidruck besteht das Bild
aus mehreren, übereinandergelagerten Schichten.
Meist wird das Papier zuerst mit einer sehr hellen
Farbschicht präpariert, die die Lichter des Bildes
gibt. Das getrocknete Bild wird mit einer Präpa-
rationsmischung überstrichen, die mehr Farbe enthält als die erste Schicht und nach etwas kürzerer
Belichtung uns nur die Mitteltöne des Bildes zeigt.
Die dritte Bildschicht enthält die meiste Farbe, wird
am kürzesten belichtet und gibt die meisten Schatten.
Wenn es nötig ist, können noch beliebige Bildschichten zur Vervollkommnung der Bildwirkung
folgen, sowie auch die Reihenfolge der Drucke, die
Art der Präparation und die Belichtungszeit von der
gewünschten Bildwirkung abhängig ist. Je mehr Bildschichten übereinandergelagert sind, desto abgestufter
sind die Mitteltöne, und desto geschlossener ist das
Korn. Doch soll man der lockeren Erscheinung halber
nur möglichst wenige (zwei bis drei) Bildschichten
kombinieren.“

In dieser verfeinerten Technik haben dann die
„Drei“ zahlreiche Bilder geschaffen, deren Wert freilich auch heute noch selten hoch eingeschätzt wird.
Wer aber mit wissendem und vorurteilsfreiem Auge
ihre Arbeiten aus den Jahren 1898—1900 heute be-

trachtet, wird sich der schönen und einfachen Wirkung derselben nicht entziehen können. Und auch jener so oft wiederkehrende Vorwurf wird bei kühlem Vergleich fallen müssen, daß das Äußere, das Kleid dieser Bilder von der Malerei erborgt wäre, daß der Photograph sich mit fremden Federn geschmückt hätte. Kann doch heute niemand von Grenzen der photographischen Technik oder ihrem etwa unabänderlichen Ausdruck reden, der nicht selbst mitgearbeitet und mitgerungen hat. Nicht mit Unrecht weist Eduard Steichen, einer der feinsten amerikanischen Maler-Photographen, die unfruchtbare, meist negativ ausfallende Kritik des Vergleichs mit Werken der Malerei in seinem Artikel „Grenzen" (Camera-Kunst, Berlin 1903) energisch zurück: „Warum", schreibt er, „will man eigentlich ein künstlerisches Ausdrucksmittel, das schon jetzt, in dem ersten Kindheitsstadium seiner Entwicklung, zu den bedeutendsten Faktoren modernen Wissens und Könnens gehört, warum will man das eigentlich einengen durch wissenschaftliche, künstlerische oder sonstige Beschränkungen? Ein Ausdrucksmittel, das noch gar keine Sondergesetze haben kann, das man nach keiner früheren Technik beurteilen kann, weil es eben noch kein technisches Verfahren gibt, das damit zu vergleichen wäre. Warum immer von Beschränkungen,

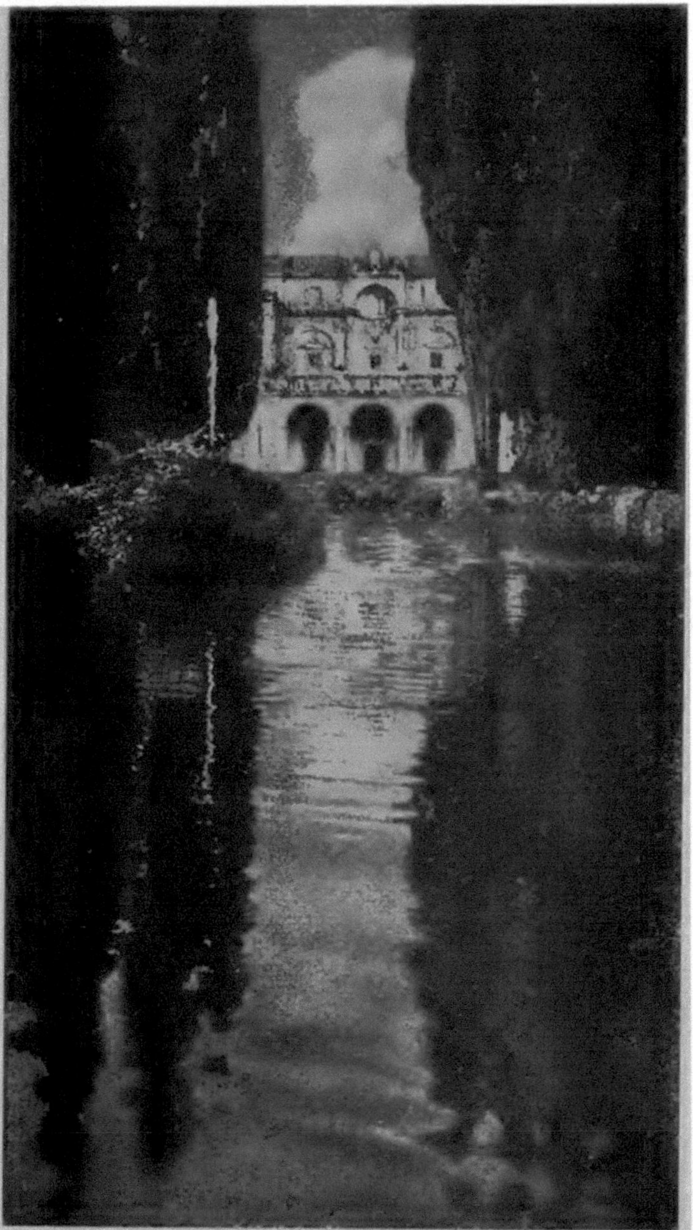

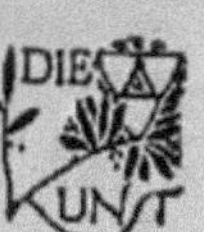

Hugo Henneberg, Wien
VILLA FALKONIERI
n. e. Gummidruck.

von „Grenzen" reden, wo wir mit den Möglichkeiten, die noch gar nicht erschöpft sind, vielleicht wirklich etwas erreichen? Es handelt sich hier nur um die alte Frage: Beherrscht der Geist den Stoff, oder der Stoff den Geist?"

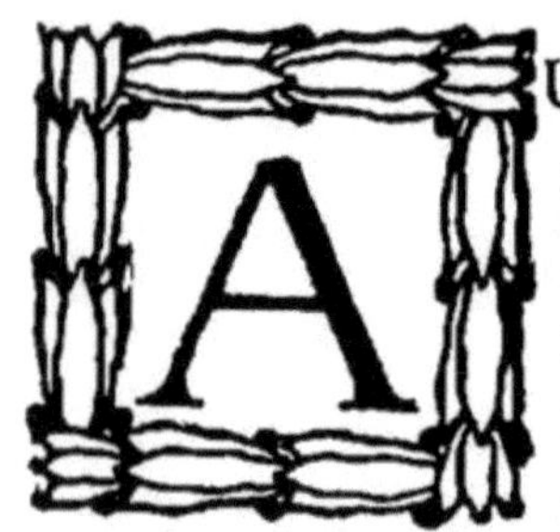UF die Wiener internationale Ausstellung folgte zwei Jahre später die Hamburger, deren wesentlichster Erfolg der Zusammenschluß der ernsthaft arbeitenden deutschen Amateure war. Lichtwark hielt im Anschluß an diese Ausstellung mehrere Vorträge, die später in Buchform erschienen und ohne Zweifel mitgewirkt haben, daß die kunstphotographischen Bestrebungen in Deutschland so schnell festen Boden gewannen. Auch der Name des Vorsitzenden der Hamburger Gesellschaft zur Pflege der Amateurphotographie, Ernst Juhl, darf hier nicht ungenannt bleiben, da durch seine außerordentlich tätige Mitarbeit ermöglicht wurde, daß von 1893 ab in jedem Jahre in der Hamburger Kunsthalle gute Ausstellungen stattfinden konnten. Diese Ausstellungen regten den Austausch der Ideen und damit die Entwicklung an, und eine nicht unerhebliche Anzahl deutscher, vornehmlich Hamburger Amateure verdanken ihnen ihre Fortschritte. Aber nicht allein

die Amateure, sondern auch die Fachphotographen und ihr Publikum zogen Nutzen aus ihnen, da die Bildnisse der Amateure in schroffstem Gegensatze zu denen der Berufsphotographen standen. Die Versuche der Amateure in der Porträtphotographie mit der Betonung des Charakteristischen richteten sich direkt gegen die Ärmlichkeit, Geistlosigkeit und Unwahrheit der üblichen Photographenporträts.

Ein weiteres Verdienst der Hamburger Gesellschaft zur Förderung der Amateurphotographie war das starke Heranziehen der Ausländer zu ihren Ausstellungen. Durch die ersten der zehn internationalen Jahresausstellungen in der Kunsthalle wurden die besten Ausländer in Deutschland bekannt und fast regelmäßige Gäste aller nennenswerten Ausstellungen in anderen deutschen Städten. Die Leistungen der Engländer Davison, Craig Annan, Horsley Hinton, Hollyer, Keighley, Craigie, Crooke, der Franzosen Demachy, Puyo, Dubreuil, Le Bègue, Grimprel, der Belgier Misonne, Marissaux, Vanderkindere, Willems, Leys, der Amerikaner Stieglitz, Day, Eickemeyer, Steichen, Käsebier, White, Coburn, um nur einige der bekanntesten Namen anzuführen, sind uns durch die Hamburger und die sich anschließenden Berliner, Münchner, Dresdner Ausstellungen fast ebenso vertraut geworden wie diejenigen unserer deutschen und österreichischen Kunstphotographen.

Für Deutschland waren die Ausstellungen einer der wesentlichsten Entwicklungsfaktoren. Sie wurden für viele Amateure zum Ziel der Betätigung. Sie gaben in den meisten Fällen tatsächlich ein Abbild des jeweiligen Standes der künstlerischen Bestrebungen.

Zu den begabtesten deutschen Amateuren der ersten Periode vor Mitte der neunziger Jahre zählten der Hamburger Arning, Böhmer in Oppeln, Winkel in Göttingen, Rau und Alma Lessing in Berlin, Scharf in Krefeld. Etwas später folgen dann die Hamburger O. u. T. Hofmeister, Einbeck, Müller, die Berliner Kirstein, Gräfin Oriola, Aura Hertwig, die sächsischen Amateure Ehrhardt (Coswig), Schneider (Meißen), die Leipziger Prößdorf, Schneider, Fichte, Pichier in Königsberg, Behrens in Posen u. a. m.

Über die Leistungen der ersten Periode hat Lichtwark in seiner schon erwähnten Schrift „Die Bedeutung der Amateurphotographie" ausführlich berichtet. Nach dieser überwog das Streben nach Klarheit und Schärfe die Versuche, weiche, dunstige Stimmungen auszudrücken. Nur wenigen gelang es, bis zur Beschränkung auf einfache Motive vorzudringen. Die Art ihrer Leistung war der der Wiener

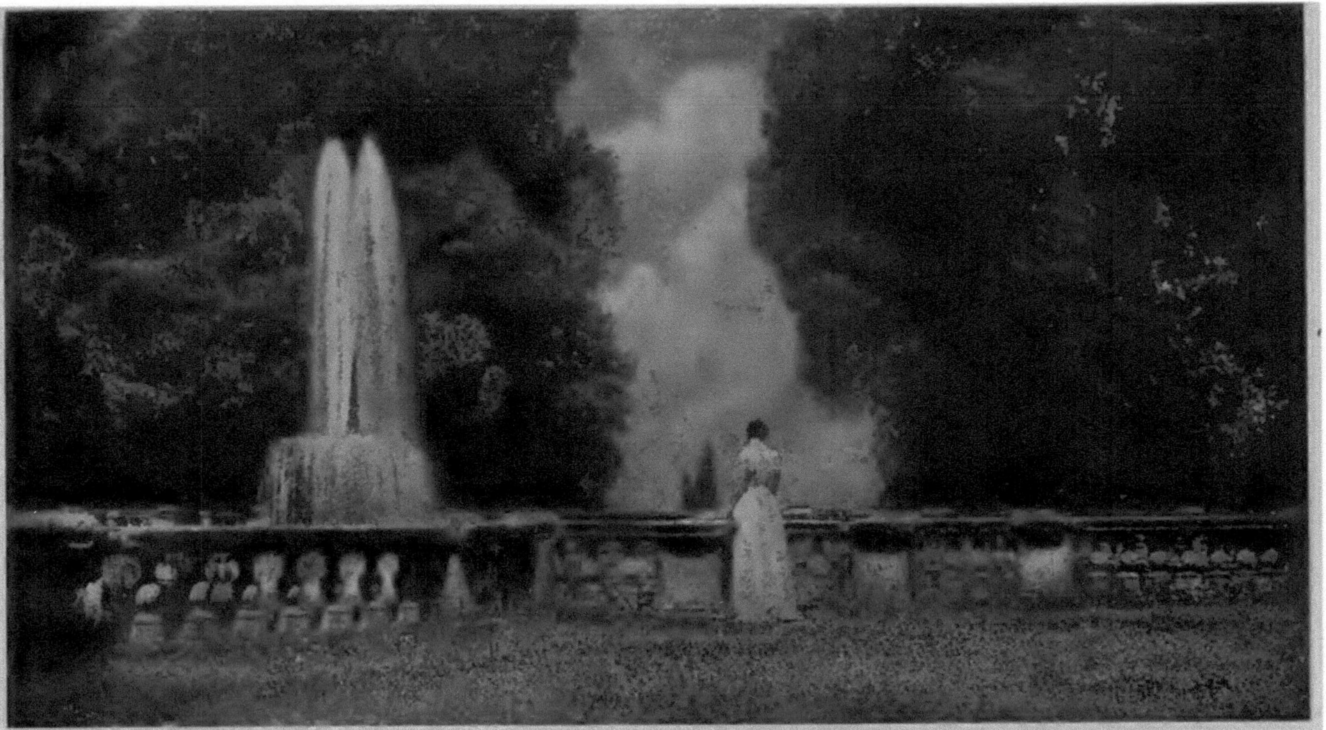

Hugo Henneberg, Wien
VILLA TORLONIA
n. e. Gummidruck.

vor 1891 sehr ähnlich. Das Gegenständliche trat hervor und der individuelle Ausdruck, das Persönliche in der Technik sprach noch wenig mit.

Der Erfolg der ersten Wiener Ausstellung war die eingehendere Beschäftigung mit der Technik, der der deutschen in erster Linie der Zusammenschluß gleichen Zielen zustrebender Amateure. In allen größeren Vereinen gab es bald Anhänger der künstlerischen Bestrebungen, die zu neuen Ausstellungen drängten. Die künstlerische Photographie wurde zu einem Hauptfaktor innerhalb des Vereinslebens und -treibens.

Wohl zu keiner Zeit wurde so intensiv in den Laboratorien gearbeitet als in den Jahren nach 1898. Die Fragen nach dem besten Entwickler, den haltbarsten Papieren, billigsten und einfachsten Tonbädern, den universellsten Objektiven erfüllten nicht mehr allein das Interesse, man suchte die Grenze der Technik zu überschreiten und für künstlerische Aufgaben einzutreten. Den talentvolleren Amateuren genügte nicht mehr die mechanische Wiedergabe der Natur mit allen ihren Zufälligkeiten, sie wollten die Welt nicht mehr mit der Peinlichkeit des Berichterstatters wiedergeben, nicht mehr Abbilder liefern, die ihren Wert in einer sauberen Technik oder in dem dargestellten Gegenstande haben, „sie wollten

Werke liefern, die ohne Rücksicht darauf, was sie darstellten und wie sie entstanden waren, ihren Wert in sich selbst tragen sollten. Köpfe, deren geistiges Leben interessiert, Landschaften, die der Empfindung dessen, der sie gesehen und fixiert hat, Ausdruck geben. Sie wollten die Technik zu einem Kunstmittel umgestalten und die Photographie in die Sphäre der Kunst erheben".

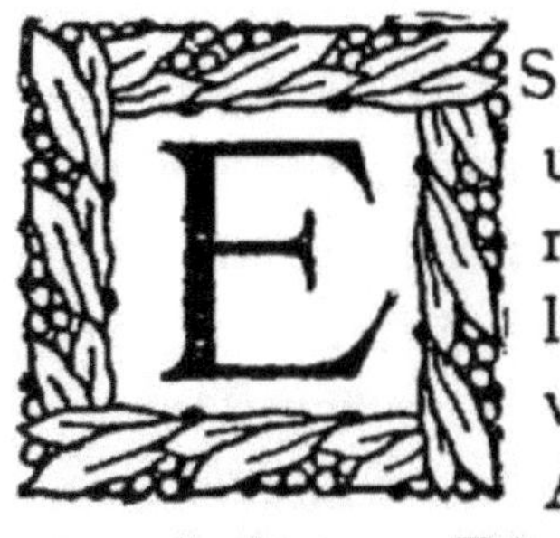
S lag nahe, die neuen Anschauungen, die Bereicherung der Technik, die durch die Übungen an landschaftlichen Vorwürfen erzielt waren, auf das Bildnis anzuwenden. Anfänglich schienen alle Versuche zu scheitern. Die großen Amateurausstellungen zeigten nur wenige Porträts, und diese wenigen wieder näherten sich in ihrem Äußeren den Erzeugnissen der Berufsphotographen. Man wählte besonders schöne, weibliche, oder irgendwie charakteristische Köpfe und begnügte sich meistens mit der einfachen Wiedergabe. Man wagte nicht, weiter zu gehen aus Respekt, weil man glaubte, daß ohne den großen Apparat eines photographischen Ateliers mit dem ganzen Drum und Dran der Spezialleistungen des Operateurs und Retuscheurs, der „malerischen“ Hintergründe usw. etwas Besonderes nicht zu erreichen wäre.

Es ist das Verdienst einiger Kunstfreunde und -förderer, nicht nachgelassen zu haben, die

Amateure auf die außerordentliche Bedeutung der auf landschaftlichem Gebiete gemachten Erfahrungen für die Bildnisphotographie aufmerksam zu machen. Die zahlreichen Aufsätze über diesen Gegenstand, die verstreut in unserer Fachliteratur zu finden sind, beweisen das große Interesse, mit dem die Bemühungen der Amateure verfolgt wurden. Lichtwark, Stettiner, Muther, Kalkschmidt, Carstanjen u. a. m. haben viel brauchbares und auch erschöpfendes Material über die Erziehung und die Aufgaben des Porträtphotographen geliefert, das, gesichtet und zusammengestellt, reiche Früchte bringen könnte.

Schon aus den ersten Abhandlungen dieser Art ging hervor, daß der Hauptgrund für die Öde auf dem Gebiete der Porträtphotographie in der rein mechanischen Verwendung der Mittel zu suchen wäre. Auffassung der Person, Beleuchtung, Beiwerk, Retusche, Format der Bilder, das alles war durch dreißig und vierzig Jahre alte Regeln festgelegt, wohl immer etwas variiert, aber eher unechter, schlechter als besser geworden. Bessere Objektive und die gesteigerte Empfindlichkeit der Platten 'erlaubten künstlichere Stellungen, das Beiwerk wurde durch allerlei tapeziermäßige Versatzstücke, durch Tischchen, Paravents, Lehnstühle in verschiedensten Stilarten bereichert, die Hintergründe mit den unmöglichsten Land-

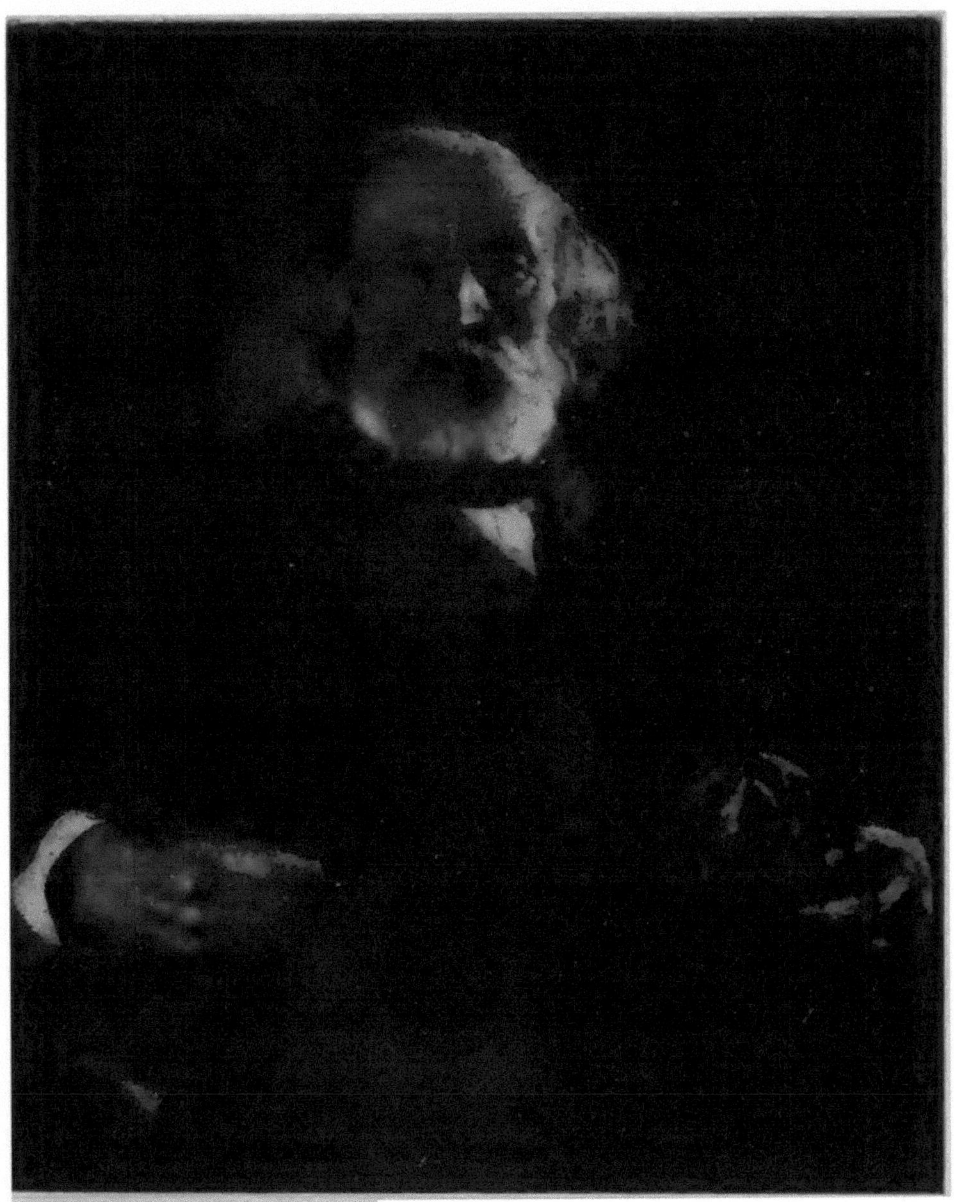

Th. u. O. Hofmeister, Hamburg
BILDNIS
nach einem Gummidruck.

schaften, Interieurs mit meist falscher Perspektive und Lichtführung u. dgl. m. bemalt, die Retusche bis zur Porzellanglätte übertrieben, in der Hoffnung, durch Verschönerung, künstliche Verjüngung der Eitelkeit des Auftraggebers zu schmeicheln. Kurz, die Porträtphotographie hatte sich in einer Sackgasse verlaufen, aus der sie ohne Not nicht mehr herauskommen konnte, jedes Weitergehen führte nur zu neuen Vergehen gegen die Natur.

Wen die Schuld an dieser Verführung trifft, wollen wir nicht weiter untersuchen, sie ist alt und wohl auch verjährt. Die Literatur, die Lehrbücher über die schönen Stellungen, über die Retusche und das übrige ist ziemlich umfangreich.

Das Publikum aber hatte sich so gewöhnt an diese Art von Bildnisphotographie, daß es garnichts anderes wünschte. „Selten", schrieb Lichtwark gelegentlich der ersten Hamburger Ausstellung, „will es (das Publikum) erscheinen, wie es ist, jeder hat das Bedürfnis, sich im Bildnis nach einem vagen Ideal gesteigert zu sehen. Eine unretuschierte Aufnahme pflegt Entsetzen zu erregen. Der Photograph ist an diese Ansprüche so streng gewöhnt, daß er sie überall voraussetzt. Kommt einmal jemand mit einem Bilde zurück und macht darauf aufmerksam, daß er sechzig Jahre zähle und nicht dreißig, daß er Furchen auf der Stirn und Falten am Kinn habe, hohle Wangen und Stumpfnase statt der griechischen, die ihm anretuschiert sei, dann wird ihm wohl die Antwort: „Ach so, Sie wollten ein ähnliches Bild! Aber das konnte ich doch nicht ahnen!"

Die Photographen hatten sich festgefahren. Selbst wenn sie nun etwas Besseres machen wollten, wurden sie durch den Geschmack ihrer Auftraggeber gezwungen, beim alten zu bleiben.

Die Errungenschaften der Amateure, ihre positiven Leistungen, ihre Ausstellungserfolge, die den Glauben an das gewohnte Photographenbildnis bei einem Teile des Publikums erschütterten, wurden auch für einige gebildetere Photographen die erste Veranlassung, den ausgetretenen Pfad für eigene Versuche — zunächst nur Ausstellungsobjekte — zu verlassen. Und diese Versuche lehrten erst das ernsthafte Streben und den Nutzen der Arbeit der Amateure für den Berufsmenschen richtiger einzuschätzen.

Auch der materielle Niedergang der Gewerbsphotographie spielte bei der Hinneigung zu der Auffassung der Amateure eine Rolle.

Die Gewerbsphotographie hatte jedes Persönliche eingebüßt. Das Schema war ausgebildet, nach dem jeder Photograph gleiche Resultate erzielen konnte. Entscheidend wurde nur die Billigkeit der Lieferung.

Das Unterbieten begann. Zu denselben Preisen, für welche früher ein „Kabinettbild" abgegeben wurde, bot man jetzt das halbe und ganze Dutzend an. Die Massenarbeit sollte den früheren Verdienst ersetzen. Der findige Besitzer eines Warenhauses sah in dieser so billig gewordenen Porträtphotographie ein ausgezeichnetes Reklamemittel. Er errichtete in seinem Hause ein Atelier und lieferte auf Bons oder zu so geringen Preisen, die der Nur-Photograph garnicht halten konnte, seinen Kunden Photographien, mit welchen diese wegen ihrer Billigkeit sehr zufrieden waren. Das Warenhausatelier hatte größten Umsatz und zur Folge, daß andere Konkurrenzunternehmen ebenfalls die Photographie in ihren Betrieb aufnehmen mußten.

Zahlreiche Photographen sahen sich genötigt, ihr Geschäft ganz aufzugeben, andere brachten sich kümmerlich durch. Man klagte, schob die Hauptschuld auf die Amateure, versuchte mit verschiedenen Mitteln den Warenhäusern das Reklamemittel zu entreißen, wandte sich aufklärend ans Publikum — alles vergeblich.

Inzwischen hatten aber ein paar Photographen schon den Anschluß an die neue Bewegung gefunden. In der vollen Einsicht, daß der alte Weg zu keiner Besserung der Verhältnisse, zu keinem Fortschritt führen könne, daß die Trennung der gewöhnlichen, rein handwerksmäßigen Ausübung der Technik, als deren letzter Trumpf die Warenhausphotographie angesehen werden mußte, und der Photographie, die durch die Ausstellungen der Amateure und einflußreichen Kunstfreunde propagiert wurde, der Photographie als Mittel künstlerischer Betätigung, daß zwischen dieser und jener Art Photographie die Trennung mit der Zeit immer größer und deutlicher werden mußte. Sie sahen ein, daß die Erfolge die Auffassung der Amateure nur stärken, die von ihnen angedeutete Richtung sich naturgemäß weiterentwickeln müßte, und daß es unmöglich wäre, sich dieser Entwicklung zu widersetzen. Die Gegenwart war schon nichts weniger als angenehm, die Zukunft aber konnte nach dem alten Rezept noch viel schlimmer werden.

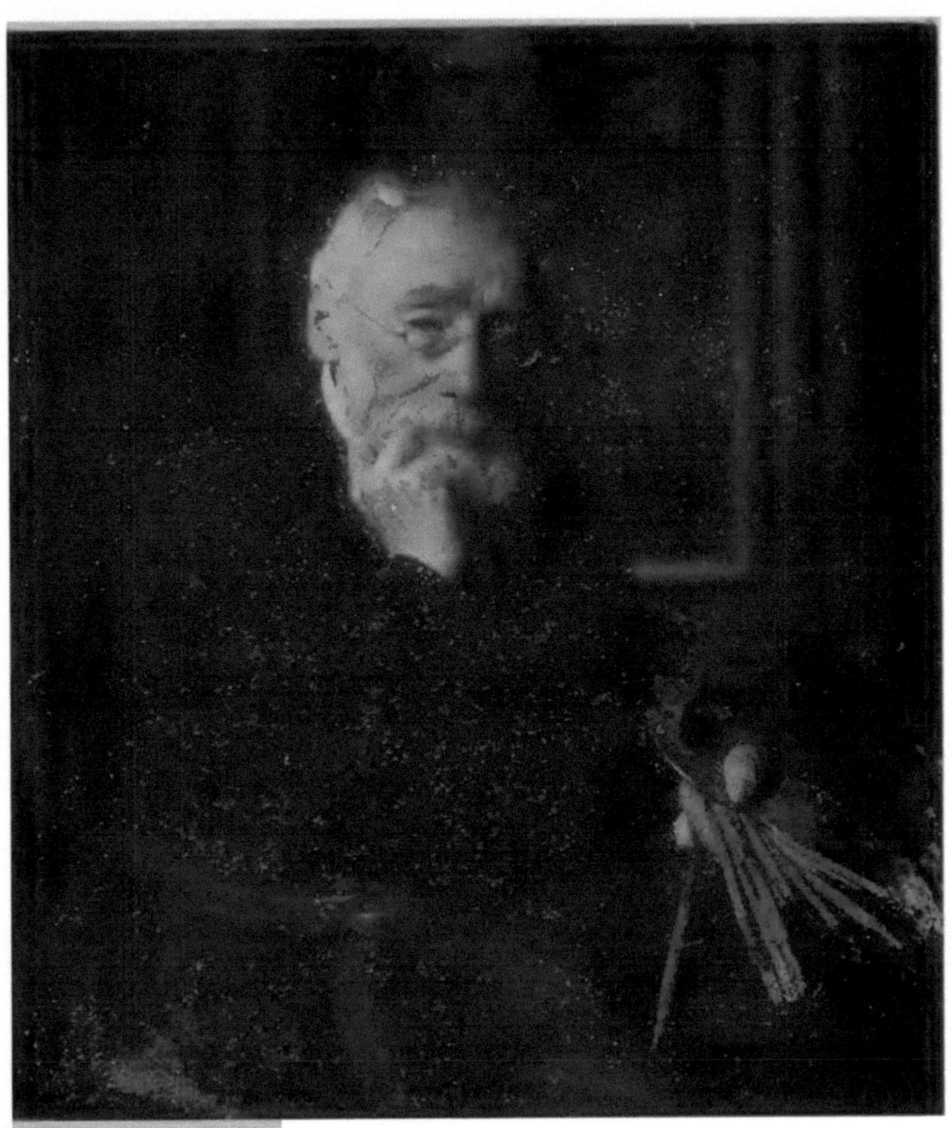

L. Rabbers, Enschede
BILDNIS J. ISRAELS
n. e. Kohledruck.

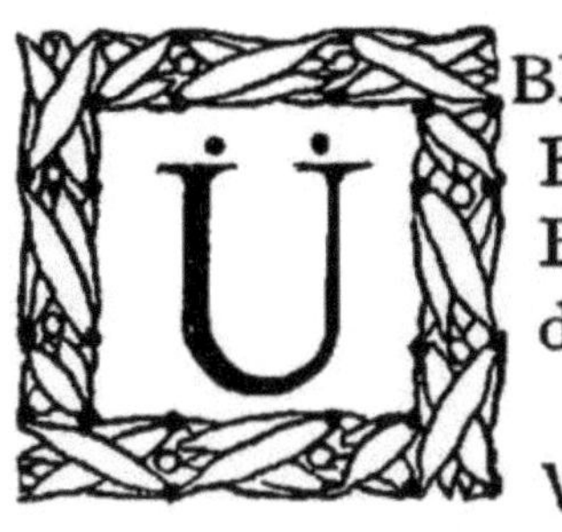Ü BER den Anfang unserer heutigen Bestrebungen auf dem Gebiete der Bildnisphotographie ist nun folgendes zu sagen.

Auf der ersten uns zugänglichen Wiener Ausstellung und der zwei Jahre später folgenden Hamburger spielte das Bildnis noch eine untergeordnete Rolle. Was die Wiener Bergheim, Mallmann und Chotek boten, verschwand neben dem vielen Gewöhnlichen, doch müssen sie zusammen mit Watzek als die ersten deutschen Amateure angesehen werden, die mit neuen Mitteln dem Porträt gerecht zu werden suchten. Die Anregungen erhielten sie zunächst und zum Teil aus England.

Die Abkürzung der photographischen Abschrift erreichten sie, wie bei der Landschaft, durch die Unschärfe. Watzek versuchte sich mit dem alleraltesten und primitivsten Mittel, der Lochkamera, der er erst später zur Abkürzung der Exposition ein Brillenglas (Monokel) einschaltete, Bergheim nur mit der einfachen Sammellinse. Der Erfolg war annähernd der gleiche. Alle Härte und Trockenheit der Zeichnung verschwand mit diesen Mitteln, es blieb die weiche, gut modellierte Erscheinung, sehr lebendig, aber ohne ausgesprochene Charakteristik. Ihre Natur sah aus, wie durch einen dünnen Schleier gesehen, breite Licht- und Tonflächen, kräftige Tiefen, jedoch ohne Auswahl, ohne besondere Betonung des Einzelnen, Wesentlichen. Die Bilder Bergheims erzielten in England „die größte Anerkennung". Ein Beweis dafür, daß ihr Ausdruck ein wirklich neuer war; denn die englischen Amateure waren damals noch die am weitesten Vorgeschrittenen, die „Unerreichbaren".

Die Versuche des Engländers Maskell mit der Lochkamera und dem Monokel sind uns nicht bekannt geworden. Ich schätze aber, daß sie ähnlicher Art waren wie die seines Landsmannes Reg. Craigie, von dem wir die ausgezeichnete Monokelaufnahme „George Batton" in Band I „Kunst in der Photographie" (Wilh. Knapp, Halle a. S.) finden und nach welcher wir die schönen Vorzüge gut beurteilen können. Die Breite, Flächigkeit der Erscheinung ist auffallend, die Natur ist nur in großen Zügen wiedergegeben, sehr plastisch und gänzlich ohne jene Festigkeit des Fleisches, die die gewöhnliche Photographie so unerträglich macht.

Die Anwendung der Monokelobjektive hat keine Verbreitung gefunden, vielleicht wegen der sehr langen Expositionszeit. Die gleichmäßige Unschärfe, die mittels Blenden variiert werden kann, ist aber ohne Zweifel von großem Wert, für geeignete Vorwürfe nicht hoch genug einzuschätzen. Wünschenswerte Betonungen wären mit den heute hochentwickelten Positivverfahren gewiß auch herauszubringen.

Hans Watzek gehörte zu den wenigen Kunstphotographen, die im Landschaftsbilde, im Stilleben und im Bildnis gleich Vorzügliches leisteten. Zu seinen ersten Modellen gehörten ein paar Bauern, Typen, die er sehr charakteristisch wiederzugeben verstand. Er legte das Hauptgewicht auf den natürlichen Ausdruck, die bäuerische Haltung und vermied jede Art von Beleuchtungseffekt, Beiwerk oder Arrangement. Als Kopiermaterial benutzte er das Platinverfahren auf selbstpräpariertem Aquarellpapier und erzielte eine lockere Technik, die in der Reproduktion der des späteren Gummidruckes ähnelte.

Im Anschluß und als Übergang von den Arbeiten der Genannten zu den Erzeugnissen der Berufsphotographie muß ich auch meine eigenen Versuche anführen, die ich in Karlsruhe gemacht hatte, ohne Kenntnis von der Existenz irgend welcher amateurphotographischen Bestrebungen zu besitzen. Auf Veranlassung eines Freundes schickte ich die technisch unzureichenden Photographien zwei Jahre später auf die Berliner Ausstellung im Reichstagsgebäude und gewann dann bald darauf einen Einblick in die internationalen Bestrebungen. Mein Ziel in der Porträtphotographie bestand lediglich darin, auf den Berufsphotographen einzuwirken, und ich quittiere dankend die Anerkennung, die Stettiner meinen Arbeiten im dritten Jahrgang der „Kunst in der Photographie" zollt. „Er ist der erste", schreibt er, „der mit Bewußtsein hier nach ganz neuen Zielen strebte, zunächst natürlich mit allem dem Drum und Dran der heutigen Bildnisphotographie brach, der Atelierbeleuchtung, den gemalten Hintergründen, dem Kopfhalter, der nivellierenden Retusche. Er hat das Talent, eine charakteristische Stellung herauszufinden und das, was er geben will, in der Weise in den Raum einzuordnen, daß wir zum mindesten über seine künstlerische Absicht, wie er die Persönlichkeit aufgefaßt haben will, nie im unklaren sein können."

Meine Versuche entsprachen in technischer Beziehung meinen geringen Erfahrungen, das, was mir vorschwebte, lernte ich erst, nachdem ich zwei Jahre später die Redaktion des „Photographischen Central-

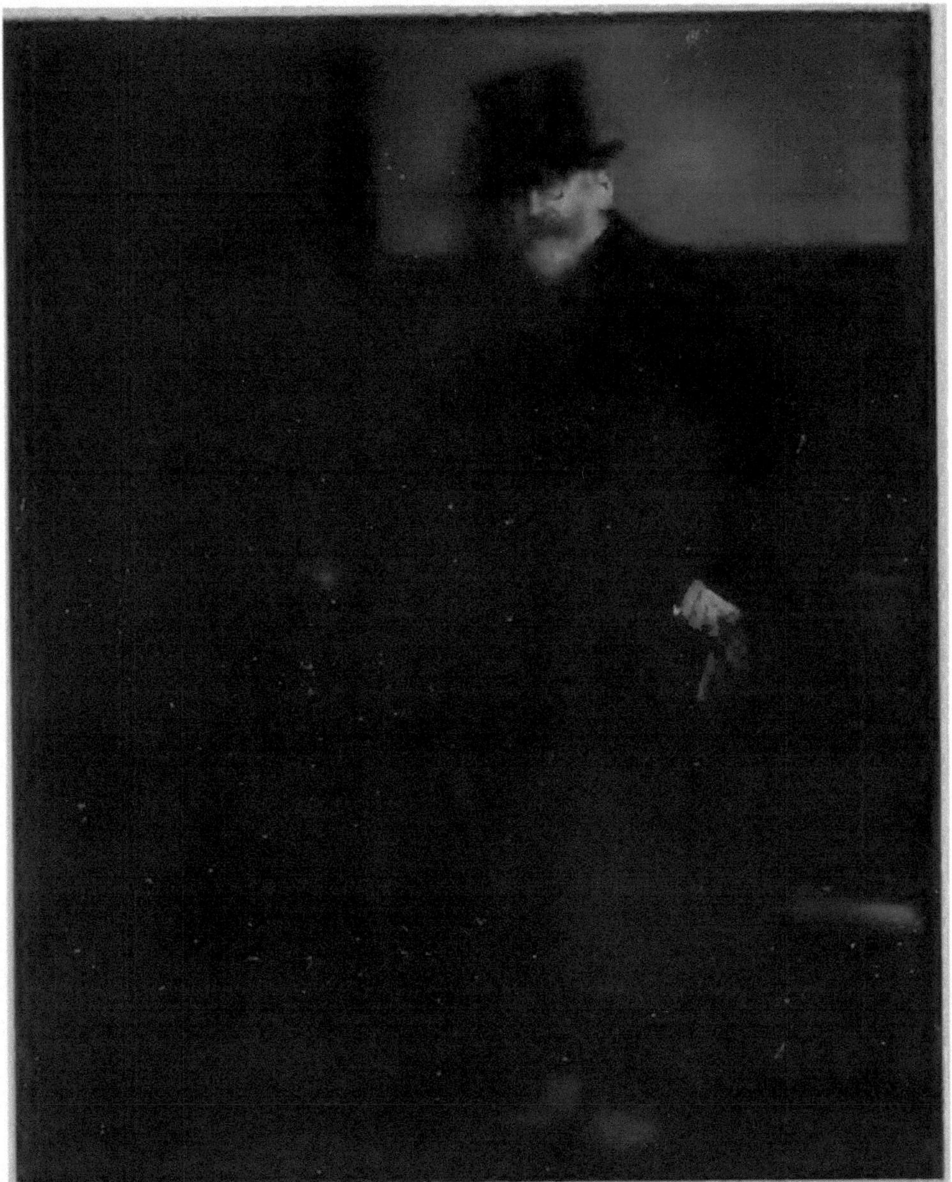

Eduard J. Steichen, New York
PORTRAIT W. CHASE
n. e. Gummidruck.

blattes“ in München übernommen und auf Veranlassung der „Sezession“ eine internationale Ausstellung künstlerischer Photographien eingerichtet hatte, in den Bildern des Schotten J. Craig Annan in hoher Vollendung kennen. An dieser Ausstellung hatten sich auch nach dem Vorgang der „Hamburger Gesellschaft zur Förderung der Amateurphotographie“, mit Lichtwark und Juhl an der Spitze, einige Fachphotographen, wie der Belgier Alexandre, der Schweizer Boissonas, der Engländer Crooke, der Hamburger Wiedensohler beteiligt, wie überhaupt das Porträt hier schon eine Rolle spielte.

Craig Annan stellte u. a. zwei Porträts aus, die in mancher Beziehung vorbildlich für die deutsche Arbeit wurden. Die „Dame in Weiß“ und „Janet Burnet“ (entstanden 1893) werden noch heute oft in den Fachzeitschriften erwähnt, und besonders das zweite Bildnis ist viel nachgeahmt worden.

Craig Annan verfolgte, wie er selbst sagte, kein bestimmtes Programm. Er photographierte das, was ihm in dem gegebenen Moment das Schönste und das Natürlichste erschien. Der schon erwähnte D. O. Hill, ein intimer Freund seines Vaters, wird als direkter Vorläufer Craig Annans angesehen. Durch den Verkehr mit den bekannten Malern Glasgows, James Guthrie, Lavery, Cameron, Walton hatte Craig

Annan eine gute Vorbildung genossen, die sich in seinen Porträts sehr bemerkbar machte. Der geschmackvolle, warme Bildton und die ruhige, vornehme Haltung seiner Modelle dürfte auf den regen Verkehr mit jenen Künstlern zurückzuführen sein. Natürlich hatte auch er den ganzen Atelierballast der Photographen über Bord geworfen. Sein Streben galt dem Ausdruck und der abgestimmten Bildwirkung, und in diesen Punkten übertraf er alles, was in den ersten Ausstellungen von Porträts zu sehen war. Seine Bilder waren reine Photographien, im Gegensatz zu den überzeichneten, retuschierten, ihre Geschlossenheit und Einfachheit war lediglich durch verständige Behandlung des Lichts, durch Abtönung und Verstärkung, durch die vollkommene Beherrschung der Technik erreicht.

Diese Eigenschaften hinterließen bei uns den größten Eindruck, sie wurden höher geschätzt als die des Franzosen Robert Demachy, der zur selben Zeit in Deutschland bekannt wurde.

Die Bilder Demachys wirkten unansehnlich wegen der kleinen Formate und der skizzenhaften Art, an die noch niemand gewöhnt war. Er war der erste, der den Gummidruck auch für Bildnisse mit Erfolg kultivierte. Er suchte die Natur in „seine“ Form zu bringen und glaubte, dies nicht anders als durch manuelle Nachhilfe erreichen zu können. Die Unterstützung von Pinsel und Stift erschien ihm als eine Notwendigkeit.

Demachy hat vielleicht den ersten ganz freien, unabhängigen Ton im photographischen Bildnis angeschlagen. Craig Annan brachte die persönliche Note durch seine Auffassung und im Einklang mit dem photographischen Material im Negativ, Demachy erreichte das Beste erst im Positiv, wenn wir das nur ihm Eigene, Eigentümliche als das Beste bezeichnen wollen. Wenn jener durch die Maler der Glasgower Schule angeregt wurde, so ist es dieser durch den Impressionismus. Demachy war lebendiger, akzentuierter als der Schotte. Schon seine Porträts aus der ersten Zeit wirkten groß, malerisch, zuweilen etwas zu malerisch. Die Auffassung der Modelle war sehr originell bewegt, besonders durch die wohlverstandene Kontrastierung der hellen und dunklen Massen. Seine Art, den Glanz der Haut wiederzugeben, die Charakteristik des Fleischtons im richtigen Verhältnis zur Umgebung zu treffen, war vorbildlich. Das Feste, das den Photographien selbst der Besten damals anhaftete, war in seinen Bildern durch die lockere Technik entfernt. Die Schatten zeigten selbst in den tiefsten Partien noch Zeichnung, wenn auch nur eine Zeichnung, die erst nachträglich, aber sehr geschickt, hineingebracht worden war. Diese Überarbeitung des Positivs wurde zwar verurteilt, aber sie hatte auch ihr Gutes insofern, als gezeigt wurde, an welchen Stellen die Photographie versagte, worauf die Aufmerksamkeit gerichtet werden mußte, um weitere Fortschritte zu erzielen.

Kühn und Watzek, die kurze Zeit nach Demachy einige Studienköpfe ausstellten, hatten denn auch die Nachhilfe bis auf unbedeutende Stellen glücklich vermieden, ohne aber den Franzosen an Lebendigkeit der Darstellung zu erreichen. Ihre Begabung und glänzenden Erfolge zeigten sich mehr in rein landschaftlichen Vorwürfen.

In Deutschland hatten schon vor Einsetzen der Amateurphotographen-Bewegung ein paar Photographen, wie Fechner in Berlin, Weimer und Kübeler in Darmstadt, intimere Aufnahmen, unretuschierte Bildnisse angefertigt, ohne damit jedoch auf ihre Berufsgenossen einwirken zu können.

Den ersten allgemeineren Fortschritt in der Bildnisphotographie zeigten die sechste internationale Hamburger und die Eliteausstellung künstlerischer Photographien des Vereins bildender Künstler Münchens „Sezession" 1898.

Beide Veranstaltungen brachten nicht nur Arbeiten schon bekannter Ausländer, sondern auch solche

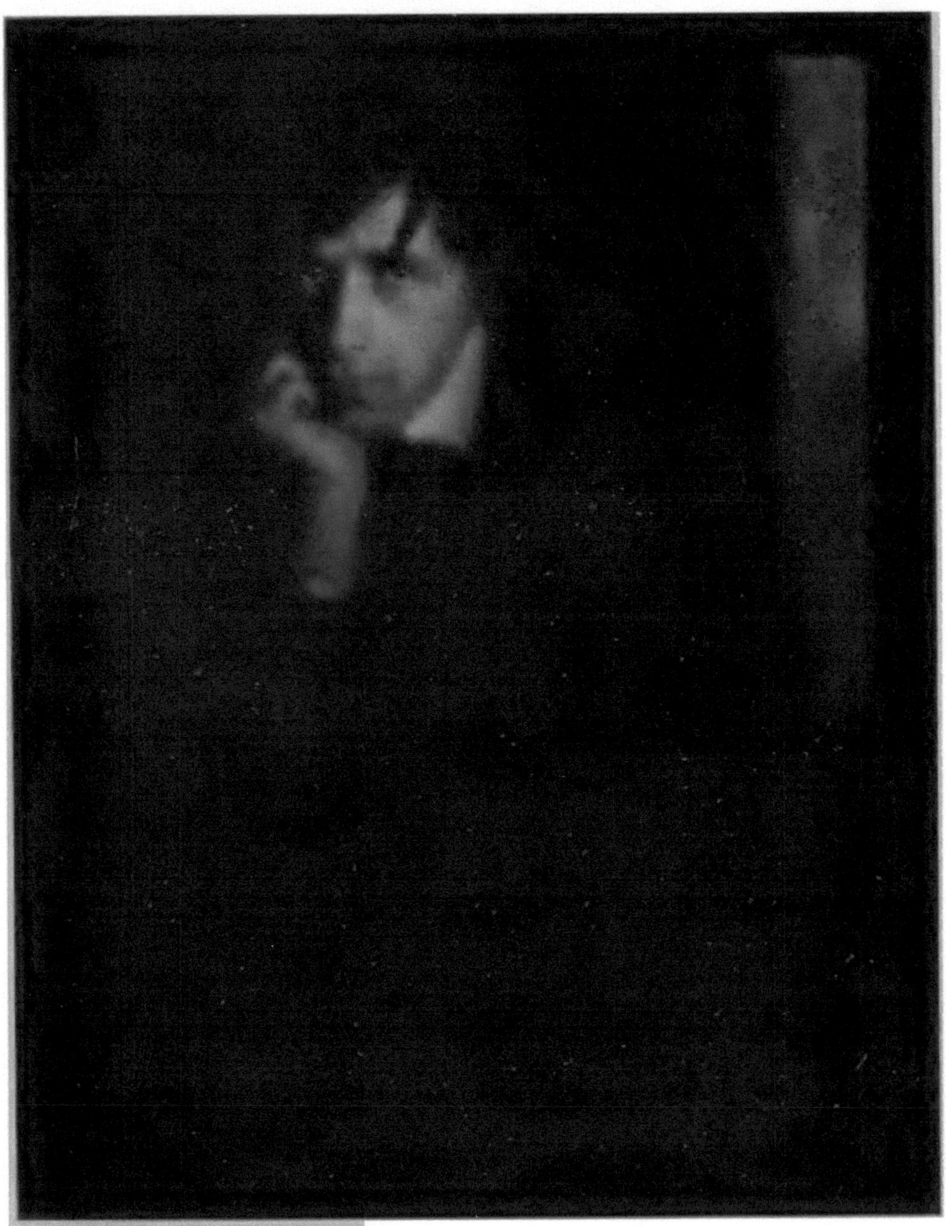

Eduard J. Steichen, New York
BILDNIS CL. WHITE
n. e. Platindruck.

neuer Mitarbeiter Der kleine Kreis derer, die sich bemühten, das Bildnis auf die schon erreichte hohe Stufe der Landschaftsphotographie zu bringen, vergrößerte sich durch das Eintreten der Hamburger Th. und O. Hofmeister und des Photographen Wiedensohler, des Krefelder's O. Scharf, der Berlinerin Alma Lessing und des Wieners Friedrich Spitzer.

Die beiden Hofmeister, Scharf und Spitzer besonders gewannen für die folgenden Jahre größeren Einfluß. Die ersteren stellten 1899 zwei vorzügliche Bildnisse in der neuen Technik der Wiener, dem Kombinationsgummidruck, aus. Die Freilichtaufnahme des Malers Mackensen und mehr noch das Bildnis des Rechtsanwalts Wolters (s. Abb.) zählen noch heute mit zu den besten Proben der neuen Auffassung. Die Anerkennung, die den Senatoren-Bildnissen des Photographen Wiedensohler gezollt wurde, veranlaßte weitere Fachphotographen, sich die Fortschritte der Amateure zu eigen zu machen, und die folgenden Ausstellungen bieten von nun ab ein fast gemeinsames Arbeiten. In jeder größeren Stadt ist es der eine oder andere Photograph, der mitzugehen versucht. In Hamburg ist es R. Dührkoop, in Berlin C. von Dühren, in Leipzig N. Perscheid, in Dresden E. Raupp, H. Erfurth, E. Müller, in Danzig A. Gottheil, in München Fr.

Müller, Grainer, in Bingen Th. Hilsdorf u. a. m., zu denen sich die schon vorher genannten W. Weimer u. W. Kübeler in Darmstadt gesellten.

Die tatkräftige Mitarbeit dieser Photographen beeinflußte die Ausstellungen von 1900 ab insofern beträchtlich, als nunmehr das Bildnis annähernd ebenso stark vertreten war wie die Landschaft. Auch wurde durch die rege Beteiligung der genannten Fachphotographen das Interesse anderer erweckt. Dennoch war es immer noch nicht möglich, daß die Photographen die gewonnenen neuen Anschauungen für ihr Publikum benutzen konnten. Dem Publikum gefielen zwar die ausgestellten Bildnisse, sich selbst aber wünschte es nicht so zu sehen. Der Abstand zwischen den ihm im allgemeinen gebotenen Photographien und denen dieser „modernen Richtung" war auch sehr beträchtlich, und was noch hinzukam, die Photographen mußten sich erst länger mit der neuen Technik des Porträtierens vertraut machen. Die neuen Anschauungen für die Praxis zu verwerten, kam nur zu oft Experimenten gleich, die den Kenner interessieren, die im Rahmen einer Ausstellung belebend wirken konnten, die aber, für sich allein betrachtet, etwas wild wirkten. Natürlich wurde auch der Gummidruck, der eine Zeitlang als die allein brauchbare Technik für die moderne Art angesehen wurde, benutzt. Und die Schwierigkeiten dieses Verfahrens in der Herstellung heller und klarer Bilder wirkten sicher mit, daß die neue Auffassung sich nicht schneller durchsetzte.

Wunsch und Wille, mit der Samtjacke und dem Gebaren des Artisten auch den überlieferten Atelierplunder hinauszuwerfen, war wohl vorhanden, es fehlte jedoch sehr an handwerklicher und künstlerischer Bildung. Man fühlte zunächst nur, daß z. B. Muther mit seinem Artikel „Geschmacksverbildung", in dem er den Vorgang des Photographierens, die Herstellung von Bildnissen in einem nach gewöhnlichem Muster eingerichteten Atelier geißelte, durchaus recht hatte, tappte aber völlig im Dunkeln, wie an Stelle der altgewohnten, als unzeitgemäß, unecht und „erbärmlich" bezeichneten Mittel das Bessere zu setzen sei. Man gab zu, daß die kunstgewerbliche Bewegung des letzten Jahrzehnts spurlos an den photographischen Ateliers vorübergegangen sei, daß der falsche Prunk die innere Hohlheit nicht decken könne, daß die kippligen Gueridons, die wackligen Tischchen und gedrechselten Stühle wirklich lächerlich wären, wußte aber nicht recht, wie man ohne diese Dinge, dieses „künstlerische Beiwerk", auskommen sollte.

Die Ausstellungen, die sich anschließenden Besprechungen und Vorträge gaben auch hier die fördernden Aufklärungen. Allen voran die Bildnisausstellung im Jahre 1903.

„Entmutigt in ihren Versuchen, durch kleinere lokale Ausstellungen auf die Photographen ihres Wirkungskreises in künstlerischem Sinne einzuwirken, beschloß die Wiesbadener Gesellsschaft für bildende Kunst die Veranstaltung einer internationalen Ausstellung für Bildnisphotographie." Im Verein mit der Redaktion des „Atelier des Photographen" und den Museen in Krefeld, Hagen und Breslau wurde der Beschluß ausgeführt.

Die Ausstellung zeigte gegen 300 Bildnisse, die zum Teil von Berufsphotographen, zum Teil von Amateuren herrührten. Keiner der ersten Namen des In- und Auslandes fehlte.

Das Preisgericht sprach die ersten Auszeichnungen dem Wiener Friedrich S p i t z e r und den Brüdern H o f - m e i s t e r (Hamburg) — zwei Amateuren — zu. Ein Ergebnis, wie es zu erwarten war, da die neuen Anschauungen von den Amateuren ausgegangen waren, und in die sich die Fachphotographen noch nicht lange genug eingelebt hatten.

In der Eröffnungsrede wurde auf den Verfall der Porträtmalerei gegen Ende des neunzehnten Jahrhunderts

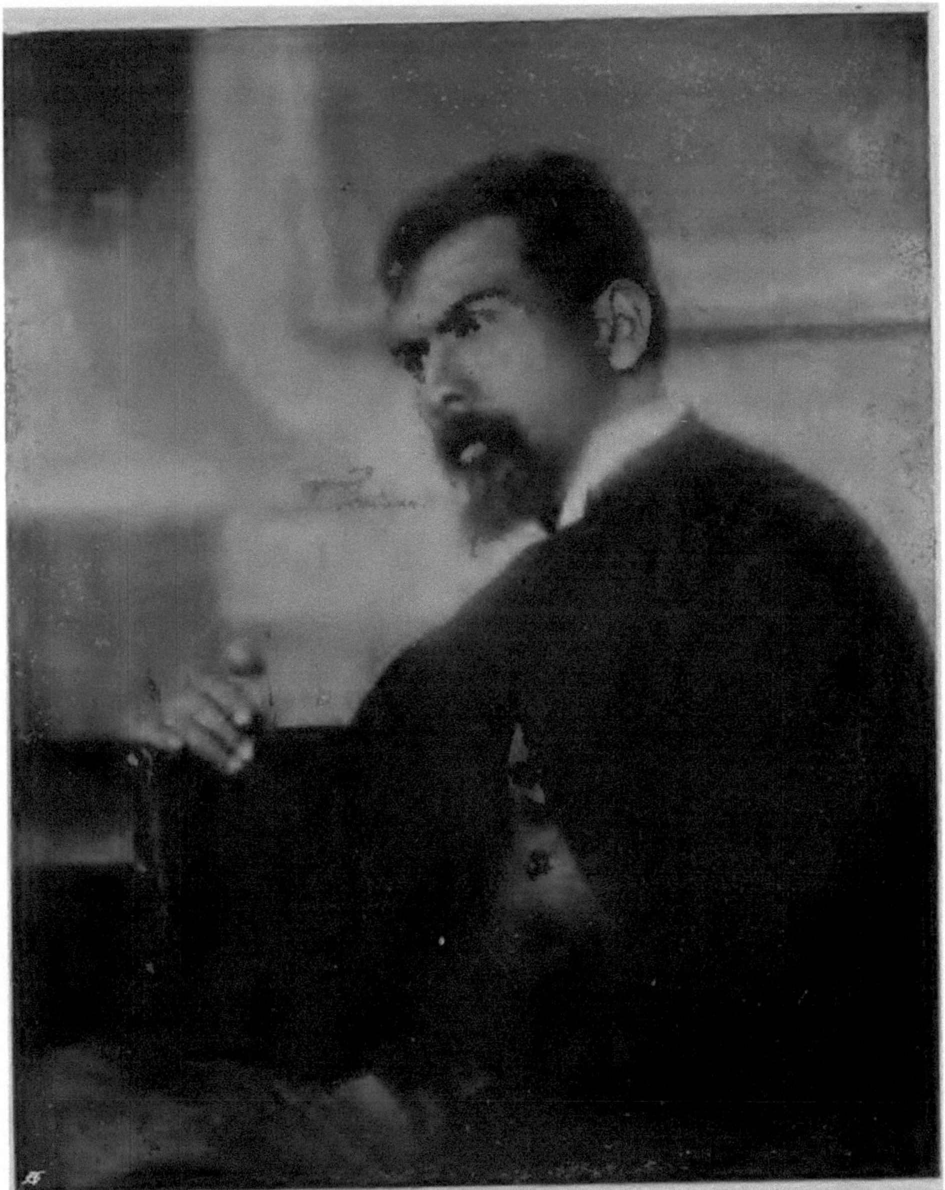

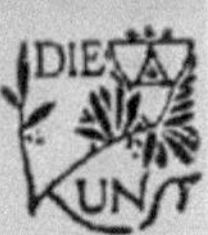

Dr. Fr. Spitzer, Wien
BILDNIS JAN TOOROP.

hingewiesen, auf die Hoffnung und die Enttäuschung, die die Photographie als Mittel zur leichteren Erzeugung eines lebensvollen und künstlerisch wirkenden Bildnisses brachte und auf die verdienstvolle Arbeit der Amateure, deren Erfolg ahnen lasse, daß die Bildnisphotographie wohl imstande sein könne, als „jüngere Schwester der Porträtmalerei" vermöge der Billigkeit ihrer Herstellung nahezu jeder Familie die Anlegung einer kleinen Porträtgalerie zu gestatten. Es wurde der reichen neuen Mittel gedacht, die den Photographen unserer Zeit im Gegensatz zu denen der vierziger Jahre, aus welchen die Austellung ebenfalls ein paar glänzende Proben des Schotten Hill brachte, zur Verfügung ständen, daß es mit Hilfe dieser neuen Mittel doch nicht gelungen wäre, lebenswahrere und ausdrucksvollere Arbeiten zu liefern. Trotz der Verfeinerung der Technik könnten selbst die besten der Neueren kaum einen Vergleich mit jenen großen Alten aushalten.

England, das durch 30 Bildnisse von Craig Annan, Craigie, Crooke, Page, Croft, Hollyer u. a. vertreten, brachte außer durch das kleine Bildnis einer alten Dame vor einer weißen Tür, in welchem die richtige Abstufung der Töne auf einfache Weise gegeben war, keinen neuen Klang in das Milieu der Ausstellung.

Frankreich bot nur in Demachy eine Höhe, jedoch eine Höhe, die von keinem anderen Lande überragt wurde. Er zeigte sich als ein souveräner Beherrscher der Technik und verständnisvollster Interpret der Persönlichkeit. Er brachte zwei Bildnisse, die ungemein lebendig im Ausdruck und im Fleischton erstaunlich weich und wahr wirkten.

Daß Deutschland in dieser Ausstellung so überragend wirkte, verdankte es hauptsächlich dem Umstande, daß aus den anderen Ländern nur Bilder kleinen Formates geschickt waren. „Durchschnittsarbeiten, wie sie sein sollten, machten den Hauptbestand der deutschen Gruppe aus", Arbeiten, wie man sie von jedem Photographen, der etwas auf sich hält, verlangen könnte. Nur ein Porträt der Brüder Hofmeister, ein ausgezeichneter Gummidruck, konnte den besten Stücken der Ausländer zur Seite gestellt werden. Kleinere Blätter von Weimer, Dühren, Erfurth, Aura Hertwig, Bernouilli u. a. zeigten in der Auffassung manches Gute, entbehrten aber des feinen Bildtons und der ruhigen Erscheinung, die die Bilder der Engländer auszeichneten. Ein sehr lebendiges Klingerbildnis von Perscheid und das Kniestück eines Herrn von R. Dührkoop konnten als Übergang zum Besten gelten. Die kleine Gruppe der Deutsch-Österreicher, der nur Kühn und Spitzer angehörten, wurde als die vorzüglichste bezeichnet. Das preisgekrönte Bildnis von Spitzer „Jan Toroop" (s. Abb.) hatte mit anderen von Kühn „die Vorzüge einer vollendeten Raumgebung gemein, einer lebendigen Verteilung heller und dunkler Flächen mit geistreich motivierter Herausarbeitung alles Wesentlichen durch den Kontrast, einer intelligenten Behandlung des Persönlichen, einer Bemeisterung der Eigensinnigkeiten des technischen Verfahrens, die die größte Bewunderung hervorriefen".

Die Amerikaner standen 1903 noch nicht ganz auf der Höhe, die sie heute einnehmen. Trotzdem galten schon einige Stücke von Steichen, Stieglitz, Keiley, White, Eugène, der Frauen Käsebier, Weil und Watson-Schütze als die eigenartigsten, raffiniertesten. Die sich in einzelnen Bildern bemerkbar machenden Pinselstriche (manuelle Retusche) zur Hebung des Zeichnerischen wurden abgelehnt, nur allein Steichen zugestanden, der durch die verständnisvolle Vermengung der beiden Verfahren geradezu einzigartige Ergebnisse erreichte. Seine Porträts der Duse, Rodins und vornehmlich Watts wurden als die künstlerisch ausgereiftesten Arbeiten angesehen.

Karl Osthaus, der Leiter des Folkwang-Museums in Hagen, faßte die Lehren der Ausstellung dahin zusammen, daß impressionistische Beleuchtungsversuche dem Bildnisse meist abträglich wären. „Obwohl es zweifellos möglich ist, eine Persönlichkeit auch im Freilicht zur Geltung zu bringen, sollte der Berufsphotograph doch das Bildnis im gleichmäßigen Tageslicht des Innenraumes als das Normale betrachten. Hieraus ergibt sich, daß das im Innenraum fast immer hell erscheinende Fleisch nur ausnahmsweise dunkel vor hellem Grunde stehen sollte. Tatsächlich scheint die Bildnisphotographie allerorts die Wandlung von dunkel auf hell von hell auf dunkel vollzogen zu haben. Über die Posierung lassen sich schwer Regeln aufstellen. Hauptsache ist, daß der Photograph sich klarmacht, was er will. Will er nur den Kopf geben, was bei Bildern bis Kabinettgröße im allgemeinen ratsam ist, so nutze er den Raum aus, indem er einen großen Maßstab annimmt. Eine interessante Hand sollte im Bilde nicht fehlen, doch beschäftige man sie womöglich. Es empfiehlt sich, ihr eine gewohnte und darum geläufige Tätigkeit anzuweisen. Der Fehler, dabei aus einem Herrn am Schreibtisch einen Schreiber zu machen, muß natürlich vermieden werden. Die Schwierigkeit, ganze Figuren aufzunehmen, liegt in der Vereinigung einer allseitig begründeten Haltung mit allen Erfordernissen einer guten Bildwirkung. Fast alle diese Versuche dieser Art, die

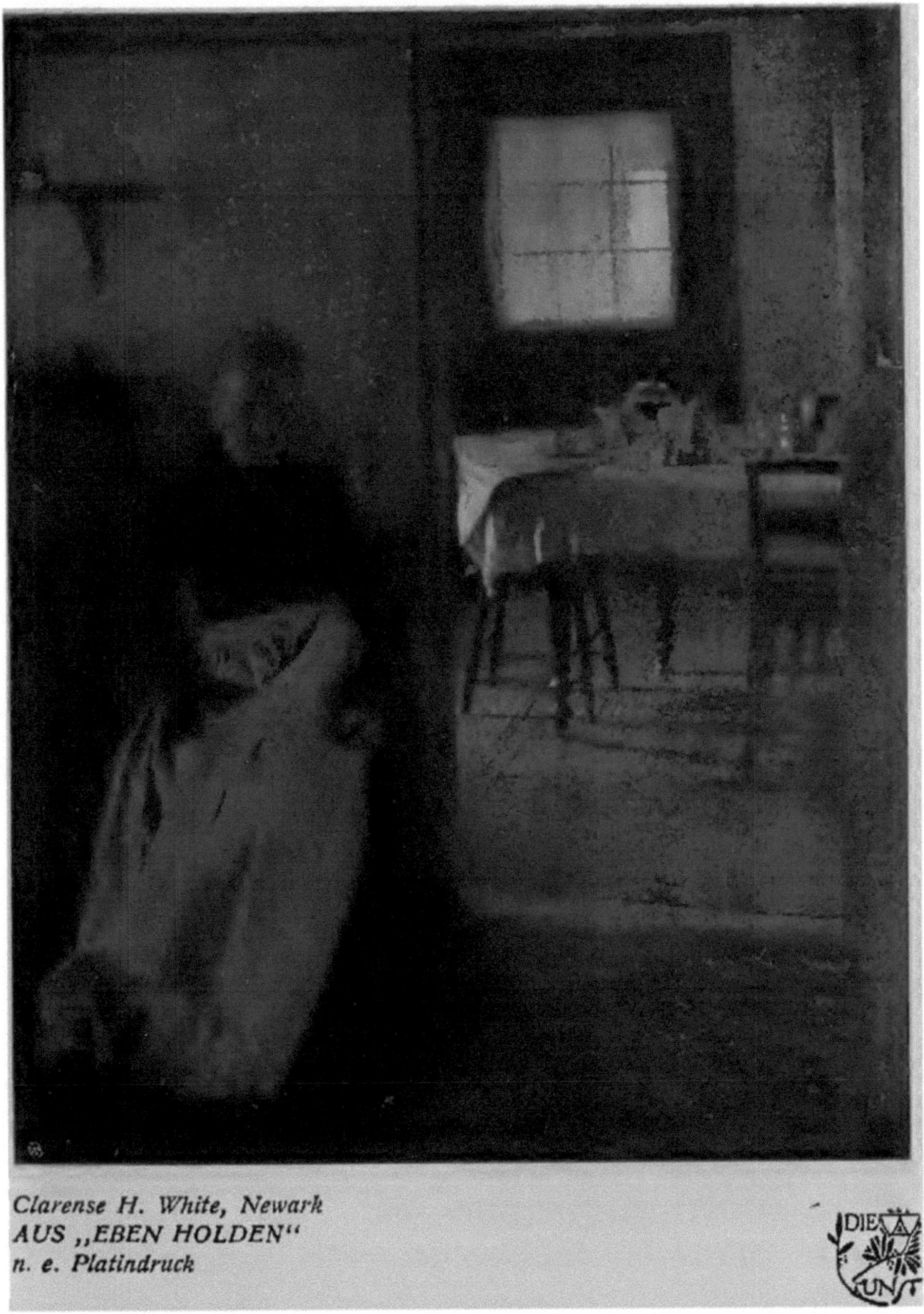

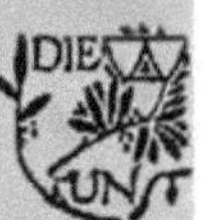

Clarense H. White, Newark
AUS „EBEN HOLDEN"
n. e. Platindruck

man in der Ausstellung sah, waren gescheitert. Schlimmer noch stand es um die Gruppenbilder. Da, wo die lebendige Beziehung mehrerer Menschen zueinander geglückt war, erschien das Motiv zu unbedeutend, oder es war nicht genügend ausgenutzt. Es kann dem Photographen nur geraten werden, sich durch tägliche Versenkung in die Schöpfungen der großen Bildnismaler das künstlerische Feingefühl anzueignen, das zur anständigen Ausübung seines Berufes unerläßlich ist."

Das Gefühl für das Charakteristische, der Takt für Beziehungen und Verhältnisse und der Geschmack für einfache und harmonische Wirkungen sind die Momente, die für die Porträtphotographie zu den vorauszusetzenden gehören.

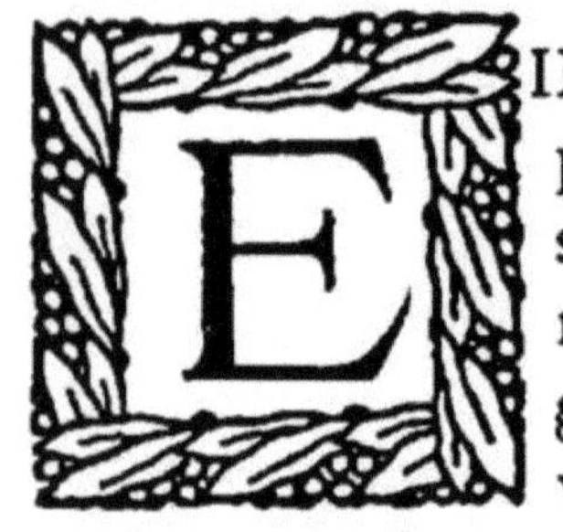INE im besonderen für die Bildnis-
photographie gleich wertvolle Aus-
stellung, wie das Wiesbadener Unternehmen, hat seitdem nicht mehr statt-
gefunden. Seine Lehren aber sind
von den Zeitschriften aufgenommen
und propagiert worden.

Der Kampf gegen die Unnatur, gegen die Aus-
wüchse in der Anordnung, gegen die Übertreibungen
in der Retusche, gegen die künstlichen Landschafts-
und Interieur-Hintergründe ist ein allgemeinerer geworden. Der Photograph sollte sich in seiner Arbeit der
des Porträtmalers nähern. Er sollte aus seinem Glas-
kasten ins „eigene Heim", in das Haus seines Auftraggebers gehen, weil er hier leichter zum Verständnis
des einfachen Gesichtsausdruckes, der lässigen Haltung, der Charakterisierung kommen könnte. Er sollte
einsehen lernen, daß die ausgeklügelten Lichtphä-
nomene, zu denen er sich im Atelier durch das
Gardinenarrangement verleiten läßt, unecht und wert-
los wären, daß die Schwierigkeit, Eigentümlichkeiten

der Bewegung, des Ausdrucks, Unterscheidungen der Form, kurz Persönliches zu fühlen und zu fassen, groß genug ist, und daß, wenn dies gelingt, alles künstliche Beiwerk belanglos und lächerlich wird.

Er sollte sich sagen, daß der Ausdruck allein lebendig mache, daß ein Bild ohne Ausdruck, ohne Charakter auch ohne Wert ist, und daß weder die glänzendste Technik noch der kostbarste Rahmen diese Wertlosigkeit aufheben könne.

Der Photograph sollte die Personen, von denen er Porträts herzustellen hätte, vorher kennen zu lernen suchen, ihre Gewohnheiten und ihre Bewegungen beobachten, um das Entscheidende herausgreifen zu können. Aus diesem Grunde nur wären die Bildnisse der Amateure besser, weil sie eben nur die Personen ihrer nächsten Umgebung, Verwandte und Freunde photographierten, deren Eigenheiten ihnen bekannt wären.

Solche und ähnliche Lehren sind dem Photographen im Laufe der letzten Jahre in der verschiedensten Form, in Zeitschriften und Vorträgen gegeben worden, ohne daß damit etwas Besonderes erreicht wurde.

Der Photograph bleibt in erster Linie Gewerbetreibender. Er wird, solange die Verhältnisse liegen wie heute, solange er die Konkurrenz des rein Mechanischen und die des Großbetriebes der Waarenhäuser hat, danach trachten, viel zu produzieren. Und die Quantität hebt gewöhnlich die Qualität auf. Auch versteht er meistens gar nicht, warum die neue, einfachere Art besser sein soll, als die Art des „bitte recht freundlich". Er sieht meistens nicht ein, daß die Generation, der sein Vorgänger noch die reichsten Erträgnisse zu verdanken hatte, tot sein soll, die Generation, welche die süßliche Affektiertheit und den Talmi im Bilde liebte. Ihm fehlt das Verständnis für die Kultur, der Überblick über das Fortschreiten des Lebens und der Anschauungen, er weiß nichts von den Beziehungen von Leben und Kunst, er hat kein Verständnis, kein Verhältnis zur Kunst.

Es fehlt in den meisten Fällen eine gewisse Bildungsstufe und auch nur der Anfang einer Erziehung zur Kunst, wie Carstanjen schreibt: „Unzweifelhaft ist die Forderung einer persönlichen Auffassung und Gestaltung nur zu erfüllen durch Erlangung von Fähigkeiten, die nicht durch technische Übung zu erlangen sind, sondern durch Ausbildung auf einer Hochschule der photographischen Kunst, auf welcher das als Grundlage vorhandene angeborene Talent geweckt, gefördert und gereift werden muß. Erst wenn die Erfüllung dieser

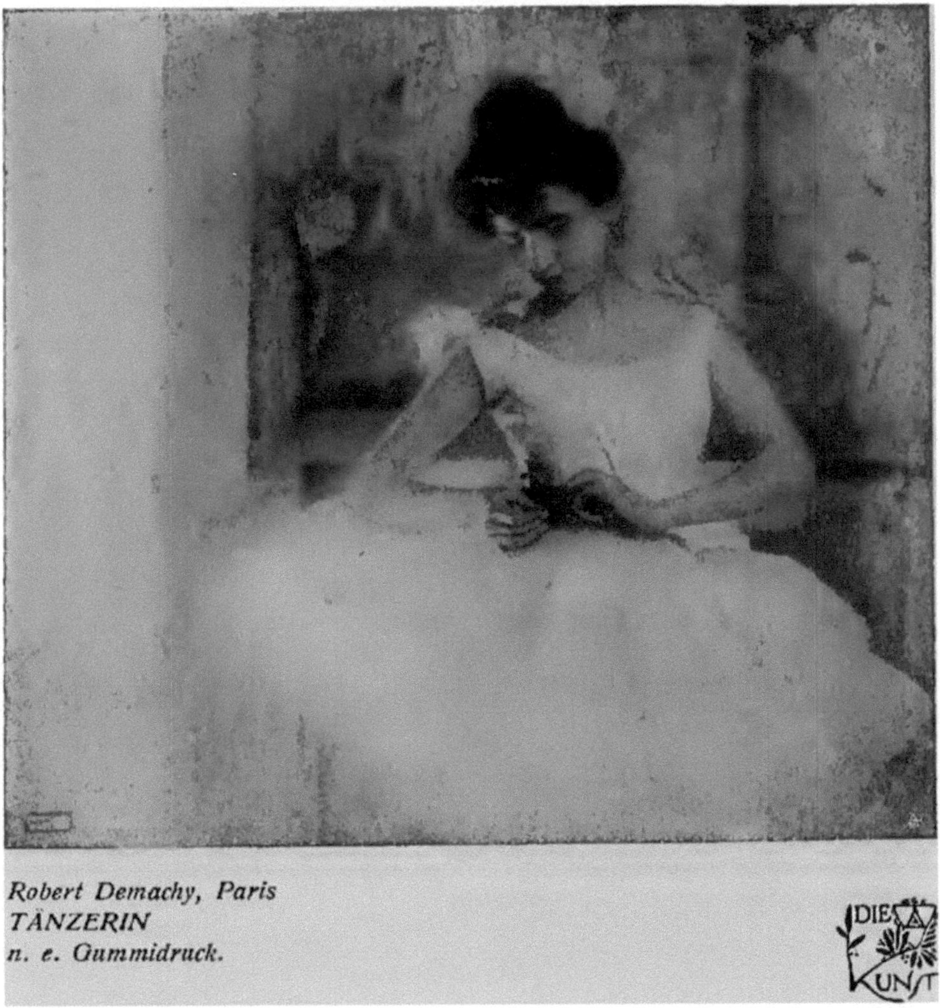

Robert Demachy, Paris
TÄNZERIN
n. e. Gummidruck.

Forderung beim Photographen verwirklicht ist, dann
werden wir allgemeiner, als es bis jetzt der Fall,
Bildnisse entstehen sehen, welche sich über das Niveau des Alltäglichen hinaus erheben."

Die Bücher, die den Gegenstand der künstlerischen Erziehung für den Photographen behandeln,
sind meistens engherzig und doktrinär gehalten. Die
Anschauungen eines Robinson, dessen Schrift „Der
malerische Effekt in der Photographie" viel gelesen
worden ist, sind veraltet. Hier wird der Photograph
ganz im akademischen Sinne auf die Wahl des Vorwurfs, auf die Staffage, auf die gesetzmäßige Abstufung von Licht und Schatten, auf die Kompo-
sition der Figur eingestellt, meist an Beispielen, die
der Malerei entnommen sind, während es viel mehr
darauf ankäme, ihm an lebendigen, guten und
schlechten Beispielen aus der Praxis, dem alltäglichen Leben, die Augen sich selbst öffnen zu lassen.
Der Gedanke, den Photographen zu versuchen, den
Effekt eines Gemäldes nachzuahmen, dürfte garnicht
aufkommen. Die bildende Kunst sollte zunächst nur
als Mittel gelten, auf die Sinne, die Vorstellung einzuwirken, auf die Bildung des Gefühls für Einfachheit, Größe, Gegensätze. Es müßte angestrebt
werden, dem Photographen eine Grundlage zu
geben, die sich mehr auf den Geschmack, auf das

Verständnis des Echten bezieht, als auf die einseitigen Theorien über Kunst und ihre Regeln, die nur für den Laien existieren und die, wörtlich befolgt, zu langweiligen, unpersönlichen Erzeugnissen führen müssen.

Der Photograph hat bei seiner wesentlichsten Arbeit wenig Zeit zur Überlegung. Das Gefühl für das Natürliche und zugleich Schöne oder Brauchbare muß bei ihm so stark sein, daß es sofort reagiert. „Kunst kann man nicht lehren, wie man die Wissenschaft und das Handwerk lehrt. Die Kunst hat ihrem Wesen nach etwas Freies, Spielendes, Gefühlsmäßiges." Auf das Gefühl für künstlerische Dinge kommt es an, das Auge empfindlich zu machen und die Vorstellungsfähigkeit zu steigern.

Ein Programm über Ziel, Richtung und Gliederung der kunstphotographischen Erziehung wird an dieser Stelle nicht erwartet werden, es könnte auch nur lückenhaft ausfallen, aber wir halten dafür, daß der Gedanke eines Programms nicht aus dem Auge gelassen werden darf, da nach den jüngsten Erfahrungen der letztjährigen Ausstellungen die Gefahr besteht, daß sich die schönen Anläufe, die in der Bildnisphotographie von Berufsphotographen und Liebhabern gemacht wurden, im Sande verlieren.

Unterrichtsfragen sind ja immer mehr oder weniger problematisch und besonders noch diejenigen der professionellen Kunstübung. Es dürfte aber auch gar nicht der Versuch angestrebt werden, den Photographen zum Künstler zu erziehen. Es würde sich vielmehr darum handeln, ihn für künstlerische Dinge empfindlich zu machen, für Ungereimtheiten im Ausdruck, für Mißtöne und Reize der Erscheinung und der Beleuchtung, für den Kontur und die Silhouette, für die Einfachheit als vornehmste Eigenschaft gegenüber unnötiger und verderblicher Zutaten, für die schlichte Stellung, für das Echte in allem. Und nicht theoretisch müßte ihm dies auseinandergesetzt werden, er selbst müßte an Für- und Wider-Beispielen unterscheiden, erkennen lernen. Vorbedingung wäre, daß er seinen Beruf von Grund auf geübt hat und übt. Nicht wie es heute bei den meisten Photographen der Fall ist, die nur auf die allernötigsten, dürftigsten Mittel, gerade noch ausreichend zur Herstellung einer Pigmentkopie, eingeschustert sind. Nicht wie heute, wo sich manche Photographen mit Hilfe der Leistungen einiger von Hause aus künstlerisch befähigter Liebhaber den gewissen, dekorierenden Anstrich des Künstlertums zu geben wissen, während sie innerlich nichts weiter als Spekulanten sind, die glauben, daß schon die Gebärde für die Einfalt des

Publikums ausreicht. Das ist der Typ des Photographen als Geschäftsmann, wie man ihn in allen Großstädten finden kann.

„Erzwingen", schreibt Miethe, „läßt sich hier nichts, und ebenso, wie es außer dem Kunsttischler noch heutigestags die größte Anzahl von Tischlern gibt, welche für die einfachen Bedürfnisse des täglichen Lebens sorgen, und wie es Fabriktischlereien gibt, die jahraus, jahrein dieselbe Ware dutzend- und grosweise liefern, und ebenso, wie man diese Tatsache als vollberechtigt hinnehmen muß, so wird es auch in der Photographie neben den Kunstphotographen, deren Zahl in erfreulichem Wachsen begriffen ist, auch immer eine überwiegende Anzahl handwerksmäßiger Vertreter dieses Gewerbes geben, denen man ihre Existenzberechtigung wohl nicht wird absprechen können." Sehr richtig fährt er dann fort, „daß die schlimmste Erscheinung, die stets mit der Entwicklung einer neuen Kunst verbunden ist, das Bestreben vieler künstlerisch nicht veranlagter Naturen wäre, sich die äußeren Formen des neuen Geistes anzueignen und das Räuspern und Spucken der bedeutenden Geister nachzuahmen, eine Erscheinung, die auf dem Gebiete der Photographie geradezu grassiert."

Gewiß, erzwingen läßt sich hier nichts, aber erstreben. Der Fachmann hat es nicht allein dem

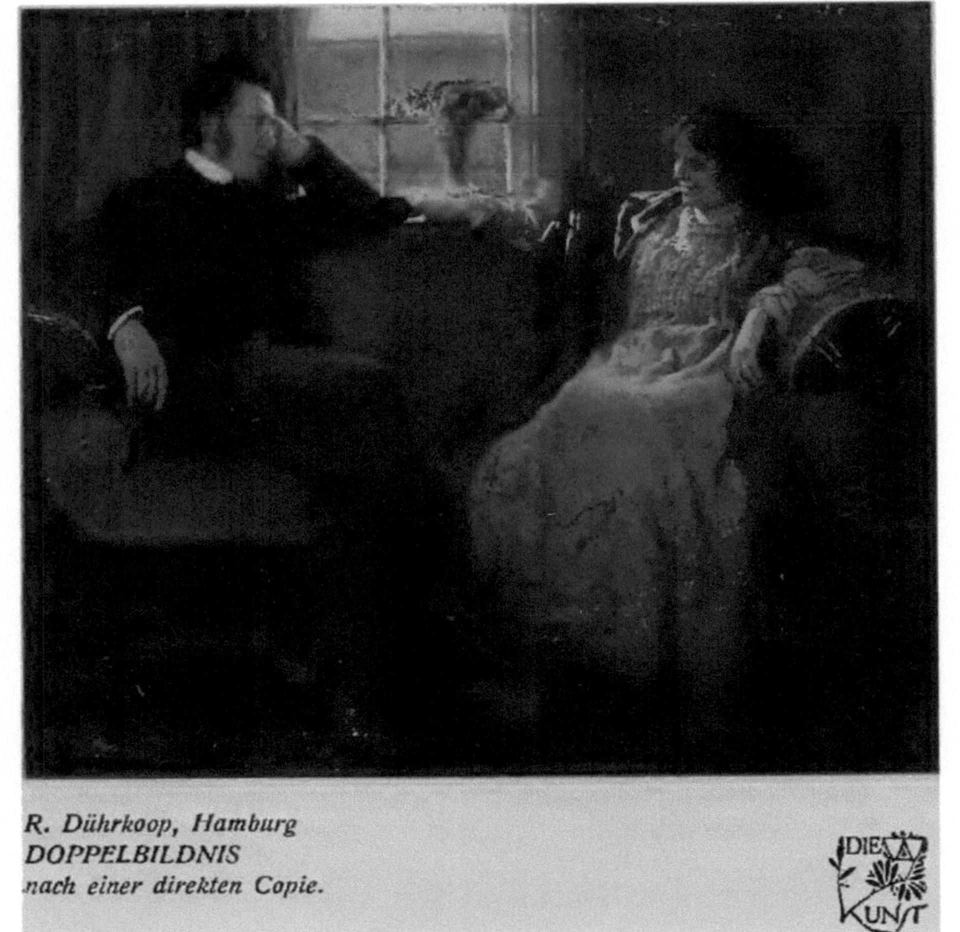

R. Dührkoop, Hamburg
DOPPELBILDNIS
nach einer direkten Copie.

Amateur völlig überlassen, seinem Metier von Anfang an alles Neue, alle Veredlung, ja alle Bereicherung der Technik zu geben, sondern er tut auch nichts, diese Gaben zu verdienen. Die Errungenschaften der Amateure regen ihn nicht auf, wenigstens so lange nicht, als er nicht die Rezepte kennt. Kennt er diese, dann sucht der eine oder andere sie sich zu eigen zu machen, jedoch nur so weit, als er sie seinem Geschäfte dienlich, soweit er aus ihnen Kapital machen zu können glaubt. Und warum liegen die Verhältnisse so im argen? Weil die gründliche Erziehung zum Berufe fehlt. Der Fachmann, der selbst nicht viel weiß, hat Lehrlinge, die in seine Werkstatt treten, ohne auch nur das Geringste mitzubringen. Die Lehrlinge erfahren das, was der Leiter der Werkstatt für sie zu kennen gerade nötig erachtet. Dies wird in den meisten Fällen noch viel weniger sein, als der Leiter selbst weiß. Was später in anderen Ateliers, anderen Stellungen zugelernt wird, bezieht sich nur auf die äußeren Fertigkeiten, die bezahlt werden. Von Berufsbildung, von gründlicher Erkenntnis der Mittel, von rationeller Übung ist an keiner Stelle die Rede. Nur ein Beispiel: Ein paar Amateure arbeiteten das Verfahren des Gummidrucks aus. Im Anfang amüsierte sich der Fachmann. „Man stelle sich einen großen, schönen, teuren Bogen Papier vor, auf den

so ein im Delirium befangener Amateur eine Gummi-
farbenkleisterlösung aufstreicht, dann irgend ein teilweise fleckiges Glas auflegt, der Sonne aussetzt,
dann die Geschichte mit Pinsel, Spritze und Wasser
behandelt, und die stehen bleibenden Schmierflecken
gibt er dann als Kunstwerk aus! Abgesehen davon,
daß die Händler mit photographischen Utensilien
auf das empfindlichste geschädigt werden, wenn der
Amateur auf diesen Abweg gerät; weder neue Entwickler, Papiere, noch Goldsalze usw. werden weiter
konsumiert, fällt unsere ganze gegenwärtige Weisheit
und sorgfältig gehütete Erfahrung in den Brunnen."

Man ließ den Amateuren ihren Gummidruck un-
gestört, ließ sie ihre Experimente ruhig weitermachen,
ließ sie, ohne sich nach ihnen umzusehen, das Verfahren ausbauen.

Die Scherze ließen nach, als der Fachmann hörte,
daß auf Wiener, Hamburger, Berliner Ausstellungen
Gummidrucke um mehrere hundert Mark von Museen
und Privaten gekauft wurden. Nun forschte man
nach Rezepten. Eine Fabrik tat sich auf, das Gummidruckpapier fertig und in vereinfachter Form zu
liefern. Ein Unverstand, der seinesgleichen sucht,
das aufgestrichene Papier fabrikmäßig herzustellen,
während der ganze Zweck, das einzige Ziel des Verfahrens darin lag, das Material dem jeweiligen Vor-

wurf anzupassen, es je nach der Art des Vorwurfs zu variieren.

Kopien mit diesem „Gummidruckpapier“ herzustellen, war natürlich sehr einfach, sie waren aber dafür auch nicht nur nicht besser als solche in den andern einmal zu kopierenden Verfahren, sondern recht wesentlich schlechter und härter wegen des Mangels an Halbtönen und der toten Schatten. Trotzdem hat sich das famose Papier bis heute gehalten, „weil Gummidrucke zuweilen verlangt werden.“ Nur wenige Photographen verstanden die offensichtlichen Schwächen, und diese wenigen arbeiteten nach den von Amateuren, die meistens sogar selbst nicht zu überzeugenden Resultaten gelangt waren, überkommenen Rezepten, erreichten aber natürlich auch nichts Brauchbares, weil sie eben versäumten, die Entwicklung der Technik vom Anfang bis zum Ende durchzunehmen und die ausgezeichneten Bilder — es sind ihrer nicht so sehr viele — zu studieren. Hätten sie es getan, hätten sie einsehen müssen, daß es durchaus nicht darauf ankam, die Kopierverfahren um ein neues zu bereichern, sondern auf ein Mittel, die Schwächen der anderen Verfahren zu heben oder doch zu mildern, sie hätten vielleicht gesehen, daß so begabte Menschen wie Watzek, Kühn, Henneberg, Demachy, Steichen in ihren Bildern mit Hilfe des

neuen Verfahrens eine „Tonschönheit und eine Schlicht-
heit, eine Aufrichtigkeit und eine Verinnerlichung"
gaben, wie sie vordem in der Photographie nicht
existierte, und daß sie dieses der ingeniösen Vervollkommnung ihrer technischen Behelfe, ihren gründ-
lichen Fachkenntnissen verdankten, daß solche Wirkungen mit bloßer Anwendung einiger Rezepte nicht
möglich wären. Niemand aber dachte daran, die
mehrjährigen Übungen und Versuche jener Amateure
zu verfolgen. Das Interesse und auch die Vorbildung fehlten.

Der Gummidruck hat sich als ein unbrauchbares
Mittel für den Porträtphotographen erwiesen. Nicht
nur der Fachmann glaubt es, sondern auch das Publikum. Und warum wird es geglaubt? Weil an keiner
Stelle der Versuch gemacht wird, eine wirklich ge-
wählte und übersichtliche Sammlung künstlerischer
Photographien zu beginnen, sie dem Publikum zu-
gängig zu machen. Man schätzt diese Arbeiten eben
nicht sehr hoch ein. Man teilt noch immer die Kritik jenes Malers, nach der die Photographie keine
künstlerische Darstellungsform sein kann, weil sie
nicht eine geistige Verarbeitung der Natur, sondern
nur ein mehr oder weniger absolutes Spiegelbild
wiedergäbe. Worin aber klingt die Kritik gelegentlich der letzten Ausstellung der Kühn- und Spitzer-

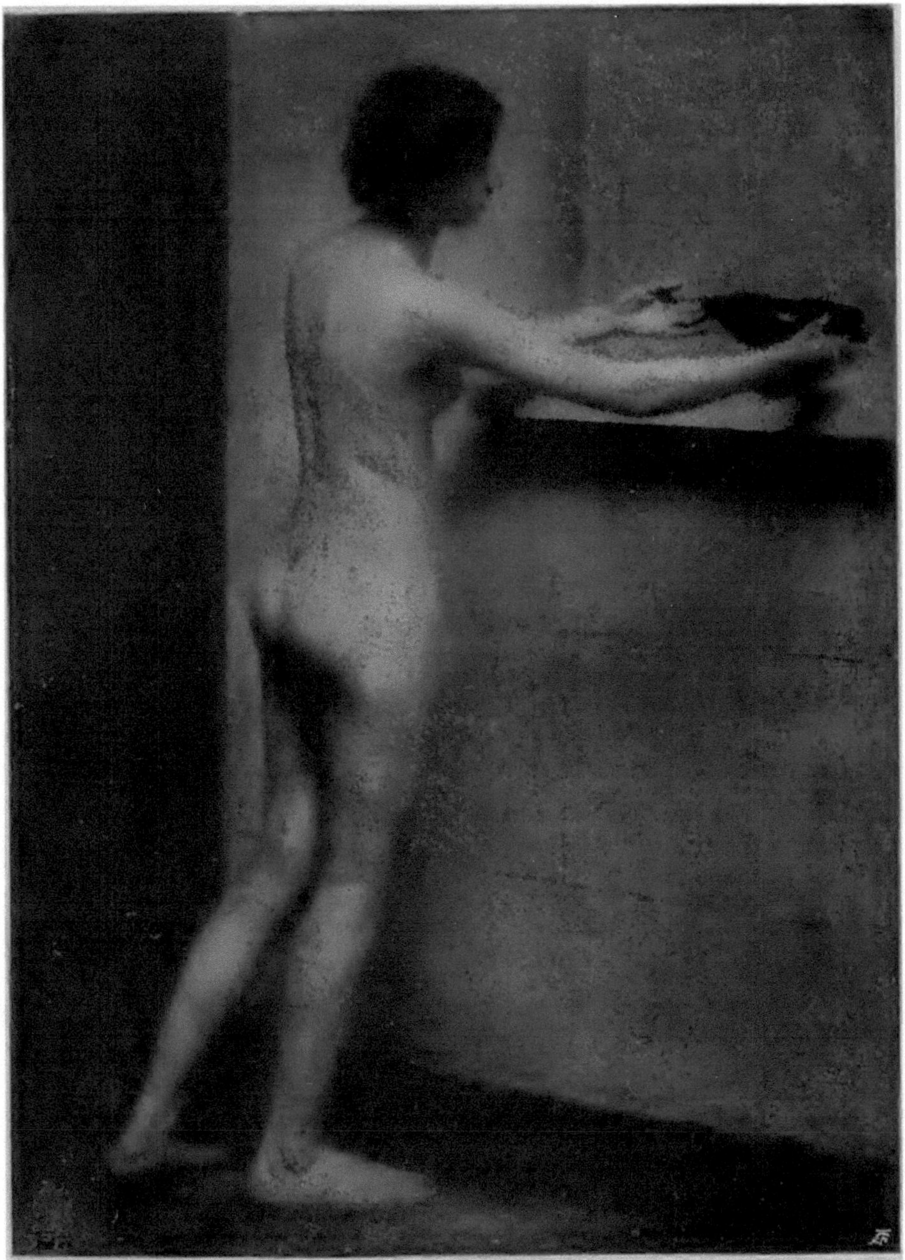

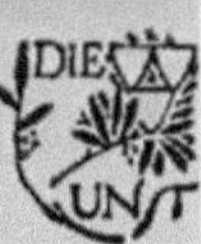

Dr. Fr. Spitzer, Wien
WEIBLICHER AKT.

schen Arbeiten in Wien aus? „Was einst die Photographie der Kunst genommen hat, bringt sie ihr nun reichlich wieder; denn sie verstärkt die Zahl der Kunstzweige. Sie, dieser einstige Schädling aller sinnlichen Wiedergabstriebe, ist nun zum Musterkinde aller Echtheitsbestrebungen aufgestiegen."

Nun soll nicht damit gesagt sein, daß der Fachmann keinerlei Verdienste an der Reformation der Bildnisphotographie hätte, sie liegen aber mehr auf dem Gebiete der Propaganda, als auf dem des Einfalls, der uneigennützigen Bemühung und der Forschung. Die Anwendung der Ideen für das Leben ist eben auch etwas wert, wenn diese Ideen auch nicht die eignen sind. Es soll dem Fachmanne auch die größere Schwierigkeit der Erprobung und Durchführung zugestanden werden, an der ihn sein Geschäft und der Mangel an Zeit hinderte. Er konnte wohl nicht über Nacht die hergebrachten, seinem Publikum gewohnten Anschauungen über Bord werfen und sich auf ein Experiment einlassen; denn ein Experiment war es in zwiefachem Sinne. Der Photograph konnte wohl zu der Einsicht gekommen sein, daß die Arbeit der Amateure, in die Praxis übersetzt, zu lebenswahreren, wertvolleren Leistungen führen müßte, aber es blieb doch noch fraglich, ob er diese Einsicht auch in die Tat umsetzen könnte, ob er die

Veranlagung dazu besaß. Das Publikum, das vorher mit seinen dem alltäglichen Geschmack entsprechenden, in keiner Hinsicht beunruhigenden Erzeugnissen zufrieden war, konnte ihm einfach davonlaufen, und ihm fehlte dann die Gelegenheit weder zu dem einen noch dem andern.

Um neue Ideen ins Leben wirksam umsetzen zu können, dazu gehört auch neben dem Talent große organisatorische Kraft und der ganze Einsatz der Persönlichkeit. Dazu können nur ganz wenige berufen sein.

Wir müssen uns für jetzt noch damit zufrieden geben, daß es eine Anzahl von Photographen gibt, die sich bemühen, ehrlich zu wirken mit den Mitteln, die sie sich leisten können, die sie verstehen. Das Material, das ihnen die unabhängigen Amateure bieten, ist vielleicht auch noch nicht genügend gesichtet und ausprobiert, um damit neue Wege mit Sicherheit gehen zu können.

Es fehlen eingehende Publikationen über die Versuche, die langjährige Arbeit eines Kühn z. B., um einen der allerbesten Namen der Amateure zu nennen, der unentwegt sich vor neue Aufgaben stellt, ohne in den vorhergestellten nicht zu einem befriedigenden Resultat gekommen zu sein. Daraus wäre vielleicht erst etwas Stichhaltiges abzuleiten.

Wir wollen vorläufig damit zufrieden sein, daß es sich allenthalben regt, daß sich nicht mehr wie vor zehn Jahren in den photographischen Ateliers nur das Theater und die Phrase, die Süßlichkeit und der Modeschick breit macht, daß man in allen größeren Städten die eine oder andere Werkstatt findet, in der solide gearbeitet und um- und neu zu lernen versucht wird, wenn man auch neben den glücklichen völlig unverstandene Versuche, der neuen Bewegung gerecht zu werden, zu sehen bekommt.

Man wird noch einmal zehn Jahre warten müssen, um die Ergebnisse auf ihre wirkliche Bedeutung hin beurteilen zu können, bis sich einmal eine Schule, sei es im Anschluß an eine vorhandene, oder eine unabhängige neue, auftut, die mit berufenen Kräften versucht, ein brauchbares Programm zu entwickeln.

Zu diesen berufenen Kräften wird in erster Linie der gebildete, erfolgreiche Amateur gehören müssen, der selbst von unten auf gedient hat, der als ganz unerfahrener Anfänger begann und die Höhe trotz aller Enttäuschungen erreichte. Seine Mitwirkung an der Aufstellung eines Programms für den Studiengang des Photographen wird nicht durch die eines andern zu ersetzen, die Rolle des Wissenschaftlers, des Zeichenlehrers, Historikers dagegen weniger wichtig sein. Nur der Maler wäre noch unentbehrlich, der es verstehen müßte, die Vorstellungskraft des Schülers anzuregen, über kunsttechnische Dinge, wie Raumwirkungen, Tonwerte, über den Aufbau eines Porträts u. dgl., oder Fragen des guten Geschmacks Aufklärungen zu geben.

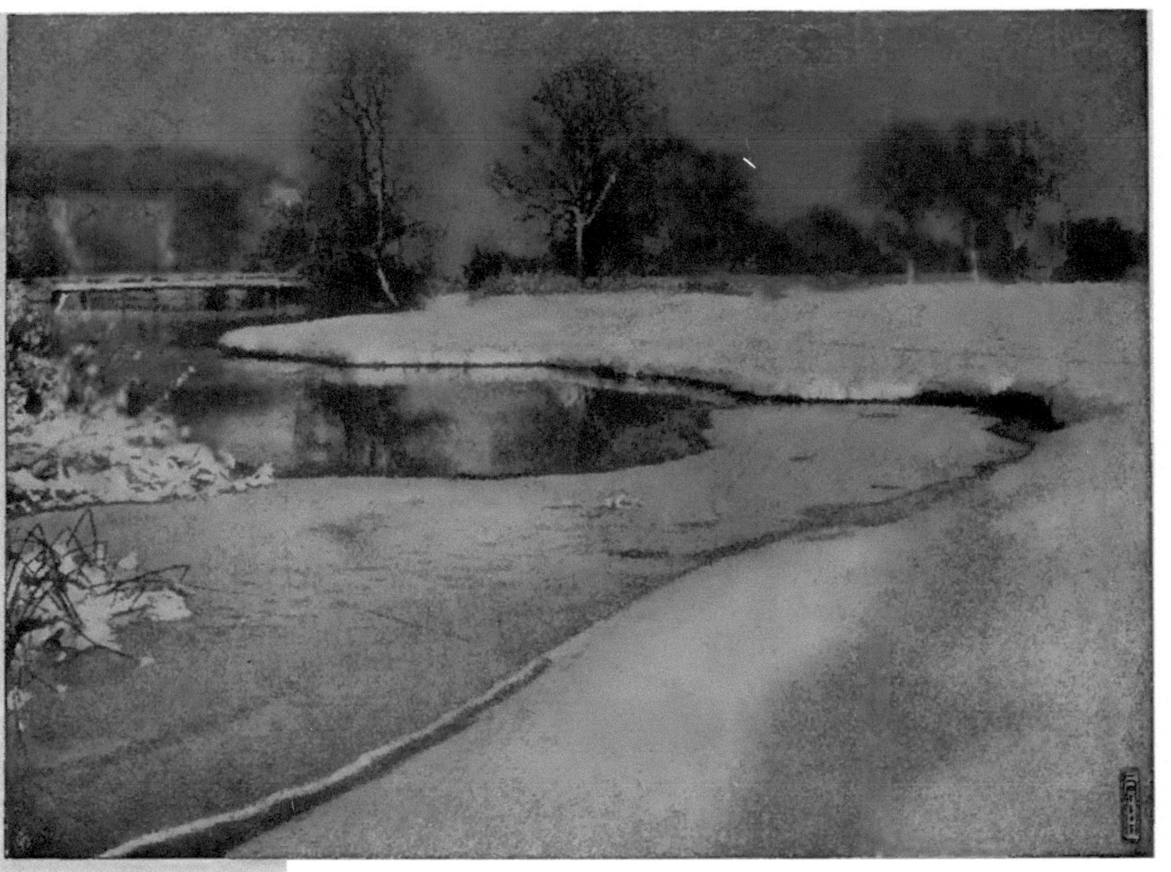

Alfred Erdmann, München
WINTERLANDSCHAFT
n. e. Gummidruck.

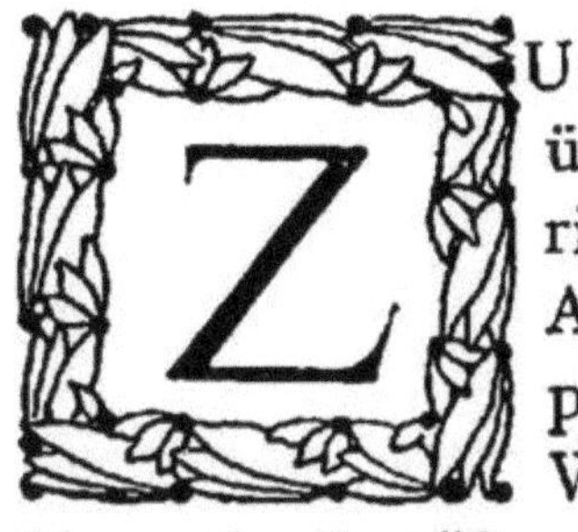UM Schluß noch einen Überblick über die jüngste Zeit der künstlerischen Photographie, die Zeit der Absonderung des Kunstphotographen mit bestimmten Zielen der Weiterbildung der Mittel, die Zeit des Versuchs der Überwindung und restlosen Verwischung des Mechanischen. Die hierfür in Frage kommenden Persönlichkeiten sind meistens bereits in den vorhergehenden Seiten angeführt worden. Der Grund für die Absonderung lag in der starken Zunahme der Mittelmäßigkeit, die das Neue in bedenklicher Weise verallgemeinerte. Die Hochflut photographischer Ausstellungen vom Jahre 1899 ab unterstützte die Quantität; die wenigen Suchenden wurden von der Masse der Dutzend-Amateure erdrückt.

Die Dresdner Ausstellung, die im Anschluß und unter den Auspizien der Kunstausstellung 1904 stattfand, bot mit die erste Veranlassung, eine Eliteausstellung künstlerischer Photographien zu veranstalten. Ihr folgten ein Jahr später das noch befriedigendere

Unternehmen des Wiener „Camera-Clubs" in den von Hoffmann und Moser neu erbauten Räumen des Kunstsalons von Miethke und die Berliner Ausstellung in der Königlichen Akademie der Künste.

Die Kataloge dieser drei Ausstellungen enthielten alle Namen, die noch für den heutigen Zustand der künstlerischen Photographie von Bedeutung sind, und gleichzeitig Vorworte, welche über die angestrebten Aufgaben unterrichteten.

Besonders die Wiener und Berliner Unternehmen wurden zu Ereignissen, die in der Presse und beim Publikum lebhafte Anteilnahme fanden. Durch eine unnachsichtige Aufnahmekommission waren sie auf ein Niveau gebracht, das die außerordentlichen Fortschritte der Kamerakunst jeden vorurteilsfreien Besucher erkennen und schätzen ließ. Es ist, hieß es in einer der zahlreichen Besprechungen, als ob der Apparat eine Seele bekommen hätte. Er nimmt die Gegenstände nicht mehr wie früher mechanisch auf, sondern sieht sie durch ein Temperament. Er kann blinzeln und fixieren, kann über Kleinigkeiten wegsehen und bei Bedeutendem verweilen, kann auch verzeichnen und schrullenhaft sein, mit einem Wort: er hat eine Seele bekommen.

Der Haupterfolg gehörte einer aus A m e r i k a eingetroffenen Kollektion, die Alfred Stieglitz zusammengebracht hatte. Sie bestand aus etwa 50 Blättern. Manche davon waren schon älteren Datums, doch kamen sie hier in dieser Umgebung und ausgezeichneten Aufmachung eigentlich erst zur Geltung.

Die anregenden Worte, die Kalkschmidt vor drei Jahren über einzelne amerikanische Arbeiten schrieb, treffen auch jetzt noch zu. „Die Bedeutung der Amerikaner beruht auf dem Porträt, der figürlichen Darstellung schlechtweg. Sie haben auf diesem freiesten Gebiete photographischer Betätigung eine Anzahl wirklich freier Motive gefunden, deren Wesen mehr oder weniger durch Handlung bedingt wird. Und zwar durch photographisch völlig einwandfreie Handlung. Sie versuchen keine „lebenden Bilder", keine gestellten Anekdoten mehr — das wäre ja erst ein negatives und kein großes Verdienst — aber sie stellen sich ihre Menschen so zurecht, daß dem Beschauer ohne weiteres klar wird: dies ist ein Moment, ein photographisch festgehaltenes Moment. So selbstverständlich diese Offenheit, dies freie Bekenntnis zur Technik als natürlicher Mitbedingung des gewollten Werkes auch erscheint, so wenig wollte man lange Zeit von ihr etwas wissen. Mit allen Mitteln bekämpfte man wohlmeinend das photographische Angesicht, nur das einfachste Mittel dagegen konnte man nicht finden. Die Amerikaner fanden es; sie sagten ihren Leuten einfach: Wir wollen euch photographieren, und ihr braucht nur so dreinzuschauen, als ob ihr photographiert würdet. — Auf diese naiv ehrliche Art brachten sie die Modelle am ehesten dazu, als Unbeteiligte zwar, aber als neugierig Interessierte bei der Sache zu sein, eine mittlere Linie der Empfindung innezuhalten, sich als Objekt zu fühlen und dennoch subjektiv im Ausdruck. Auch der Einzelne gewann so, wenn auch natürlich nicht immer überzeugend, nicht immer frei von Pose — Handlung und Leben. Aber das Leben allein genügte ja noch nicht, es mußte malerisch, mußte auf die bildlich wirksame Erscheinung hin gesehen, mußte kompositionell bewältigt sein. Auch das ist manchem Amerikaner gelungen und oft ganz entzückend fein und geistreich. Die aufgewendeten Mittel freilich waren nicht immer einwandfrei: im Gefühl technischer Unsicherheit, vielleicht auch aus Mangel an Geduld zur zähen Arbeit, griffen sie mit der Hand zeichnend, tuschend in den Prozeß des Lichtes ein und kamen damit zu Effekten, über die sie selbst vielleicht verblüfft waren. Schade, denn durch diese Gewaltsamkeit muß auch das bestangelegteste photographische Bild charakterlos werden. Aber das Prinzip des gesteigerten Lebens, das der Handlung konnten und können sie durch derartige Eingriffe

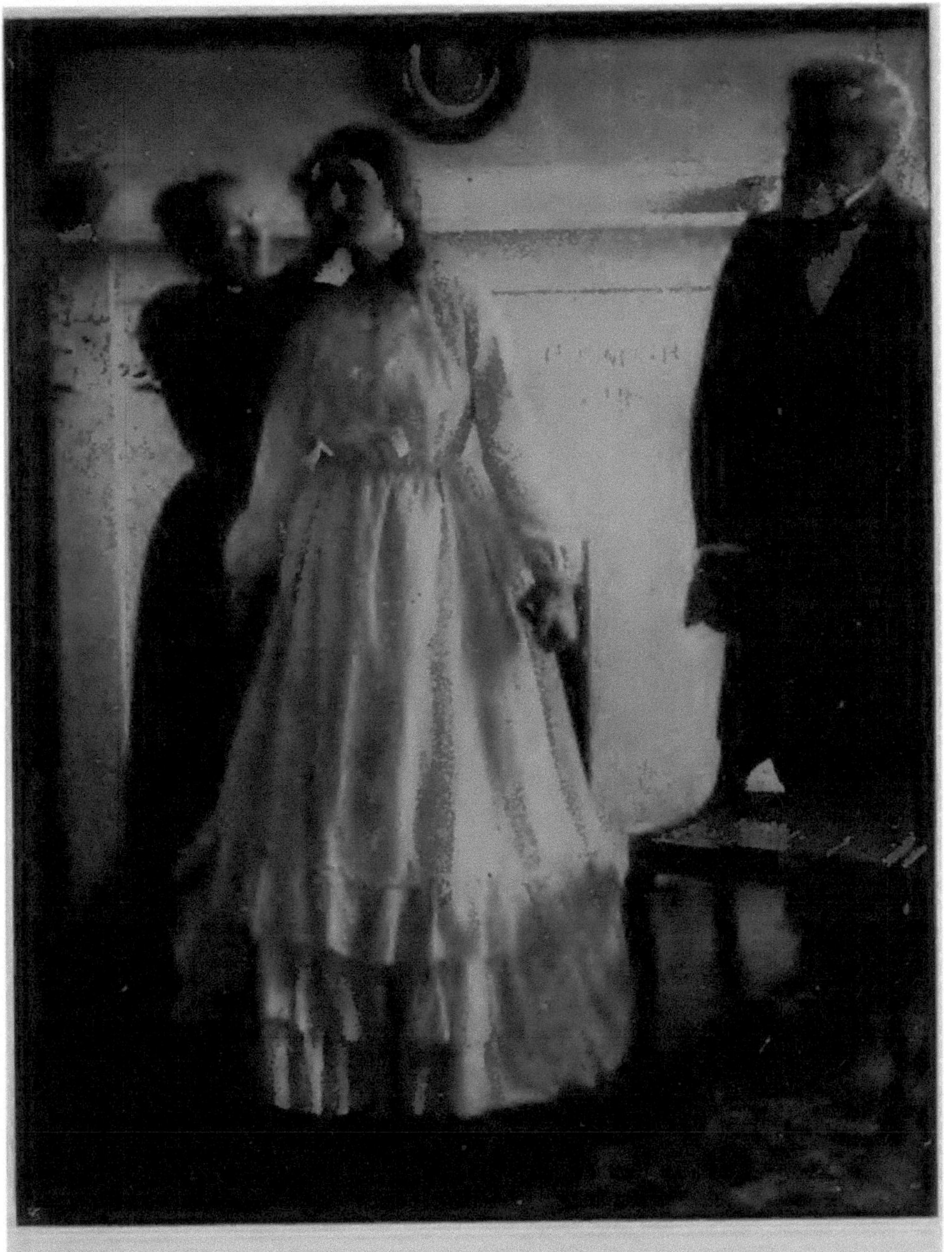

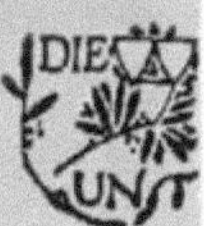

Clarence H. White, Newark
AUS „BENEATH THE WRINKLE"
n. e. Platindruck.

nicht beseitigen, denn sie sind an die photographisch festgelegte Form eben doch gebunden, wir, die Beschauer, allerdings auch. Darum ist es auch möglich, ihren überaus lebendigen Einfällen und Absichten, soweit sie photographisch gesehen und ausgedrückt worden sind, warm anerkennend gerecht zu werden, ohne doch die manuellen Zutaten immer gutheißen zu müssen."

Ja, Amerika zeigt in den wenigen Vertretern, die wir zu Gesicht bekommen, ein ungewöhnlich reges photographisches Leben. Es scheint fast, als ob der neue Typus des Kunstphotographen dort am selbständigsten im Werden sei, am wenigsten Verbindung mit dem reinen Handwerk wie mit der bloßen Liebhaberei habe und praktisch aussichtsvolle Arbeit finde.

Als feinster Künstler dieser Gruppe gilt Eduard Steichen, der von Beruf Maler ist und in Paris studiert hat. Die künstlerischen Erfahrungen, die er hier gesammelt, seine zeichnerischen Fähigkeiten führen ihn zu Freiheiten, an die sich ein anderer nicht wagen dürfte. Natürlich findet er in photographischen Kreisen nicht die Anerkennung, die er verdient, weil er eben den „Stift" benutzt. Wenn aber zwei dasselbe tun, so ist es nicht dasselbe. Er erreicht so einzigartige Ergebnisse, ein so verständliches Zusammengehen von Material und Vorstellung, von Zweck und Erfolg und eine Harmonie der Erscheinung, daß man ihm die Vermengung der beiden Verfahren, des zeichnerischen (graphischen) und photographischen, zugeben möchte. Man könnte fast von ihm sagen, daß ihm die Photographie nur ein Mittel ist, um seine Natur auszudrücken, wie der Maler ja auch nicht die Natur wiedergibt, die wir, sondern die er sieht. Seine Produktion beschränkt sich fast ausschließlich auf das Porträt. Er hat da eine förmliche Galerie bekannter Persönlichkeiten, die, wenn auch vielleicht nicht zu den charakteristischsten, sicher aber zu den eigenartigsten dieser Art zu zählen sein dürfte. Nicht alle dieser Bildnisse sind gut, einzelne aber, wie sein „Rodin", wo er so weit geht, „daß er den vollkommen verdunkelten vom marmorhellen Grund so sich abheben läßt, daß das Profil mit dem überaus charakteristischen Stiernacken allein den Eindruck bestimmt", oder sein „Watts", in dem aus dunklem Grunde der stille, feine Kopf des greisen Meisters groß herauskommt mit einer geradezu glänzend gegebenen Zeichnung von Hand und Gesicht, oder das Bildnis der „Duse" in einer sie durchaus kennzeichnenden Bewegung und dem tiefen, melancholischen Ausdruck, oder das monumentale Porträt „Besnard" mit dem hellsten Licht hinter dem Kopf,

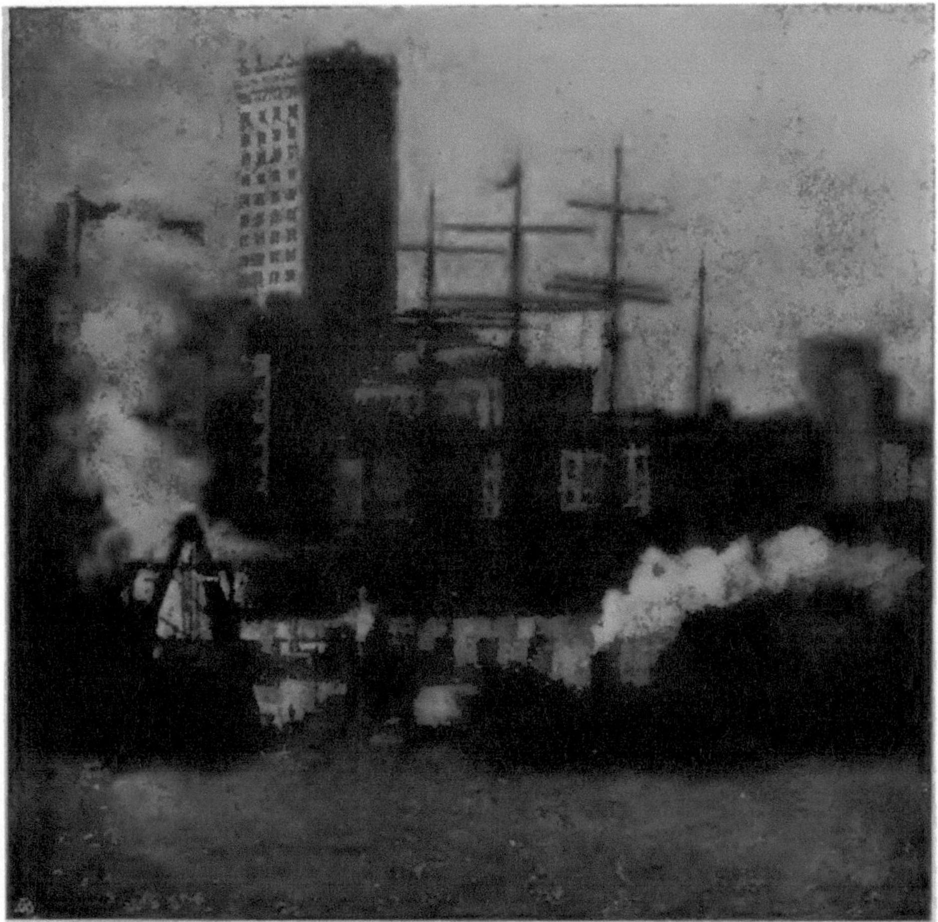

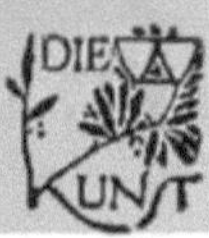

Alvin Langdon Coburn, New York
HAFEN VON LONDON
n. e. Gummidruck.

das sind Meisterstücke, wie sie vorläufig in der Photographie nicht ihresgleichen haben.

Diesen rassigen und mit größter technischer Bravour gegebenen Bildern gegenüber wirken die Blätter von Clarence White direkt einfach und schlicht. Auch er ist ein Meister. Zu seinen besten Leistungen zählen ein paar Illustrationen, die er zu einer Novelle „Eben Holden" (s.Abb). lieferte — unübertreffliche Interieuraufnahmen mit außerordentlich geschickt gestellten Figuren. Auch ein paar Bildnisse junger Mädchen und Kinder zählen zu den Glanzstücken photographischer Kunst. Er ist nicht so effektvoll, nicht so laut wie Steichen, doch ebenso wesentlich für die amerikanische Gruppe

Die Verdienste Stieglitz' liegen weiter zurück — als in Amerika noch kaum von ernsteren photographischen Zielen gesprochen wurde. Er ist ein solider Techniker, dessen größere Bedeutung heute mehr auf dem Gebiete der Propaganda liegt. Er ist der Begründer der Zeitschrift „Camera Works", die die besten Reproduktionen nach Kunstphotographien bringt.

Unter den übrigen Amerikanern ragen noch besonders Coburn, Keiley, Eugène, Seeley und die Frauen Gertrud Käsebier, Ema Spencer, Mathilde Weil, Eva Watson-Schütze und Sarah

Sears hervor. Die Leistungen der letzteren erstrecken sich fast ausschließlich auf Porträts von Frauen und Kindern, die sie in größter Delikatesse und Zartheit, zuweilen das Sentimentale streifend, zu geben wissen. Ihre Art, spielende Kinder im Sonnenlicht, mit dem und gegen das Licht, oder vor sehr hellem Hintergrunde zu photographieren, hat bei uns direkt und nicht zum Nachteil Schule gemacht.

Österreich, zurzeit das regste Land des Kontinents in der Pflege der künstlerischen Photographie, hätte durchaus ebenbürtig der amerikanischen Gruppe gegenübergestanden, wenn die Sichtung der ausgestellten Bilder strenger gehandhabt worden wäre. Von dem berühmten Trifolium Watzek, Henneberg, Kühn war Kühn nur noch geblieben. Watzek war 1903 gestorben, Henneberg 1904 zur Malerei übergegangen.

Eine kurze Charakteristik der Bemühungen und Erfolge dieser drei Männer haben wir schon weiter oben gegeben. Es bleibt uns nur übrig, die neusten Versuche Kühns etwas zu beleuchten.

Kühn ist vielleicht der gewiegteste und erfahrenste Techniker auf dem kunstphotographischen Gebiete. Technisches Wissen ist seine Grundlage. Er beherrscht die Mittel, die er nach den verschiedensten Rich-

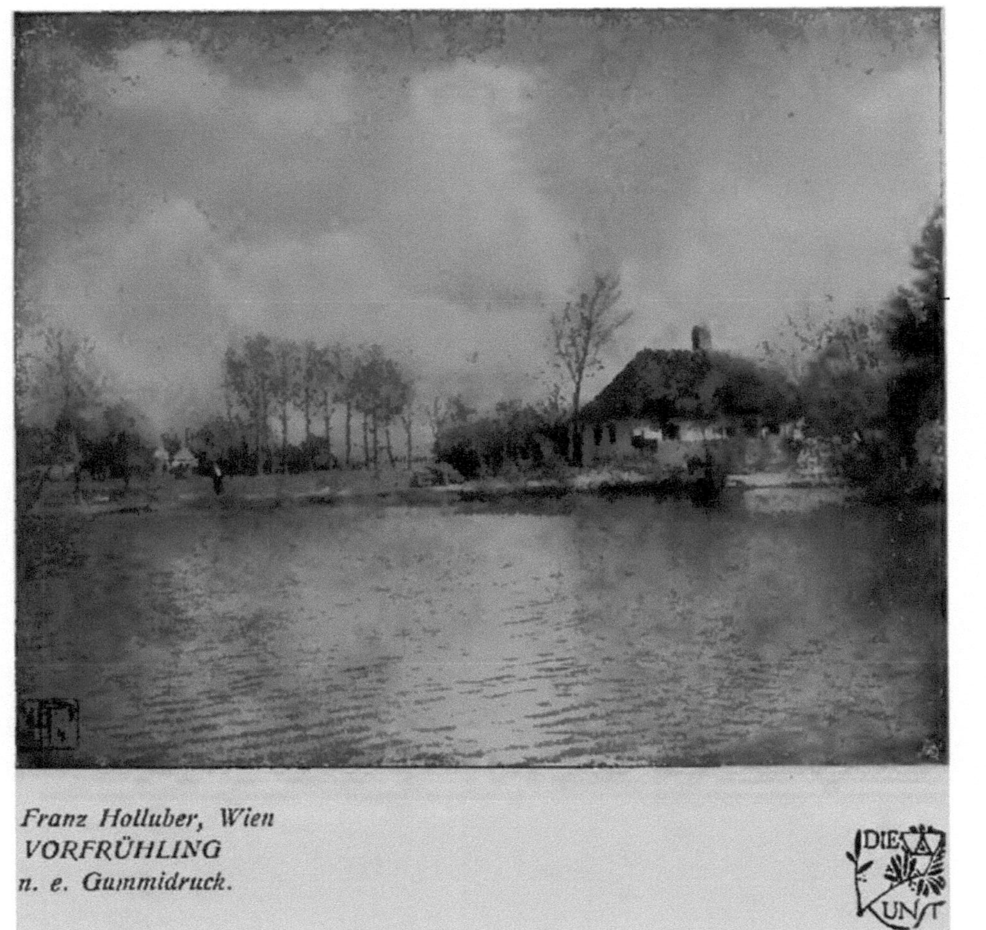

Franz Holluber, Wien
VORFRÜHLING
n. e. Gummidruck.

tungen probiert, aus Neigung am Experimentieren und in der Hoffnung weiter zu kommen, etwas zu erreichen, was wieder ein wenig höher steht als das bisher Erzielte. Er arbeitet in der Überzeugung, daß die Möglichkeiten des Materials noch lange nicht erschlossen sind. Er klammert sich weder an ein positives noch an ein negatives Verfahren, sondern folgt nur der Vorstellung, die Technik ausdrucksfähiger zu gestalten. Seine letzten Versuche gelten der Vereinfachung und im besonderen der Umsetzung der Naturfarben in einfarbíge Töne, um einen möglichst wahren und verständlichen Stimmungsausdruck zu erreichen. Im allgemeinen wird in der photographischen Kunst nur eine gewisse Tonharmonie gegeben, eine harmonische Bilderscheinung, aus der kein Ton als zu hell oder dunkel herausfällt. Meistens sind diese Tonharmonien zu dunkel gehalten — ein fast grassierender Fehler, dessen Ursache im photographischen Material liegt, dessen Bekämpfung nur den wenigsten gelingt — oder sie fallen, infolge einiger Eingriffe, grau, „silbrig" aus, Effekte, die nicht unsympathisch berühren, die naturwahr scheinen, im Grunde genommen aber ebenso falsch sind wie die zu dunklen.

Kühn hat seine Beobachtungen in einem vortrefflichen Aufsatz „Studie über Tonwerte" (Gummidrucke W., H., K., Halle 1902) niedergeschrieben, und dieser Aufsatz gibt die Erklärungen auch für seine neusten Arbeiten. In diesen sind in der Tat die Helligkeiten, die Zwischentöne und die Tiefen sehr sorgfältig gegeneinander abgewogen, so klar und einleuchtend, wie es kein anderer vor und mit ihm in der Photographie geübt hat.

In diesem Jahre zeigte er im Salon Miethke (Wien) eine Reihe von 40 Blättern Landschaften, Porträts und Stilleben von einer wundervollen Delikatesse und verblüffenden Körperlichkeit.

Der zweite erfolgreichste Österreicher ist Friedrich Spitzer, dessen beste Leistungen Porträtaufnahmen und holländische Studien darstellen. In seinen Aktaufnahmen zeigt er ein anerkennenswertes Verständnis für die Form. Begabt und mitsprechend für das photographische Kunstleben sind u. a. die Landschafter Prokop, Reininger, Hofmann, Kusmitsch, Löwy, Muhr, Pichier, Holluber, David, Schneid, Schöller.

Der Grazer Bachmann pflegt mit großem Fleiß die farbige Photographie mit Benutzung des Gummidrucks, wie die Hamburger Gruppe, indem er die Haupt- oder bestimmenden Farben aus dem Vorwurf heraus zieht und diese durch Übereinanderdrucken wiederzugeben sucht. Er schneidet damit freilich nur das Problem der farbigen Photographie an, auf dessen Lösung wir noch von der Seite der Wissenschaft warten. Am nächsten dem Natureindruck kommt Bachmann in seinen Schneelandschaften, in denen es sich fast nur um die Zusammenstellung von zwei Farbtönen handelt. Diese einfachen Resultate scheinen aber farbige Photographien mehr, als sie es sind.

In Deutschland hat die Begeisterung für die Kunst in der Photographie bei den Amateuren in letzter Zeit erheblich nachgelassen, was weniger die Quantität als die Qualität beweist.

Die großen Erwartungen, die man vor einem Jahrzehnt gerade an das Auftreten der deutschen Amateure geknüpft hatte, sind nicht in Erfüllung gegangen. Um 1897 herum schien es, als hätte Deutschland mit der „Hamburger Gesellschaft zur Förderung der Amateurphotographie" an der Spitze, die meisten Begabungen von allen Ländern. Die Berührung, der Vergleich mit der ausländischen Arbeit auf Ausstellungen und in den illustrierten Zeitschriften bestärkte diese Auffassung hauptsächlich dadurch, daß nirgends die Begeisterung für die Sache, die Hantierungsfreude und die Produktivität so fühlbar war als gerade in Deutschland. Diese Begeisterung erfreute jeden, auch den rigorösesten Kritiker, man übersah gern die Schwächen in der Annahme, daß sich aus dem so stark gärenden Most auch ein ordentlicher Wein entwickeln würde.

Die sehr starke Produktivität veranlaßte 1898/99 eine wahre Hochflut photographischer Ausstellungen. Kaum hatte Hamburg im Oktober seine Ausstellung geschlossen, so folgte München im Dezember, Mitte Januar Leipzig, Anfang Februar Berlin u. s. f. Alle diese Unternehmungen standen, soweit die deutschen Amateure an ihnen beteiligt waren, unter dem Zeichen des Gummidrucks, der sich für sie als ein Danaergeschenk erwiesen hat.

Der „Gummidruck" wurde zu einem Schlagwort, zu einem Schlagwort für den künstlerischen Wert; mit welchem Unrecht, lernt man erst heute in weiteren Kreisen beurteilen. Dieses Verfahren, das zu den größten Bildformaten verführte und die Freiheit der Farbtönung brachte, hat sehr viel Unheil angerichtet. Man hielt es für das einfachste Kopiermittel, während es im Verhältnis zu allen anderen das schwierigste, die meisten Kenntnisse voraussetzende, ist. Der Gummidruck erfordert nicht nur sorgfältige Materialkenntnisse, sondern auch künstlerische Erfahrungen. Und diese zu machen, dazu fehlte es den meisten Amateuren an Interesse und Ausdauer. Man wollte nur schnell „Bilder" anfertigen, den Rekord im Rahmenmaß

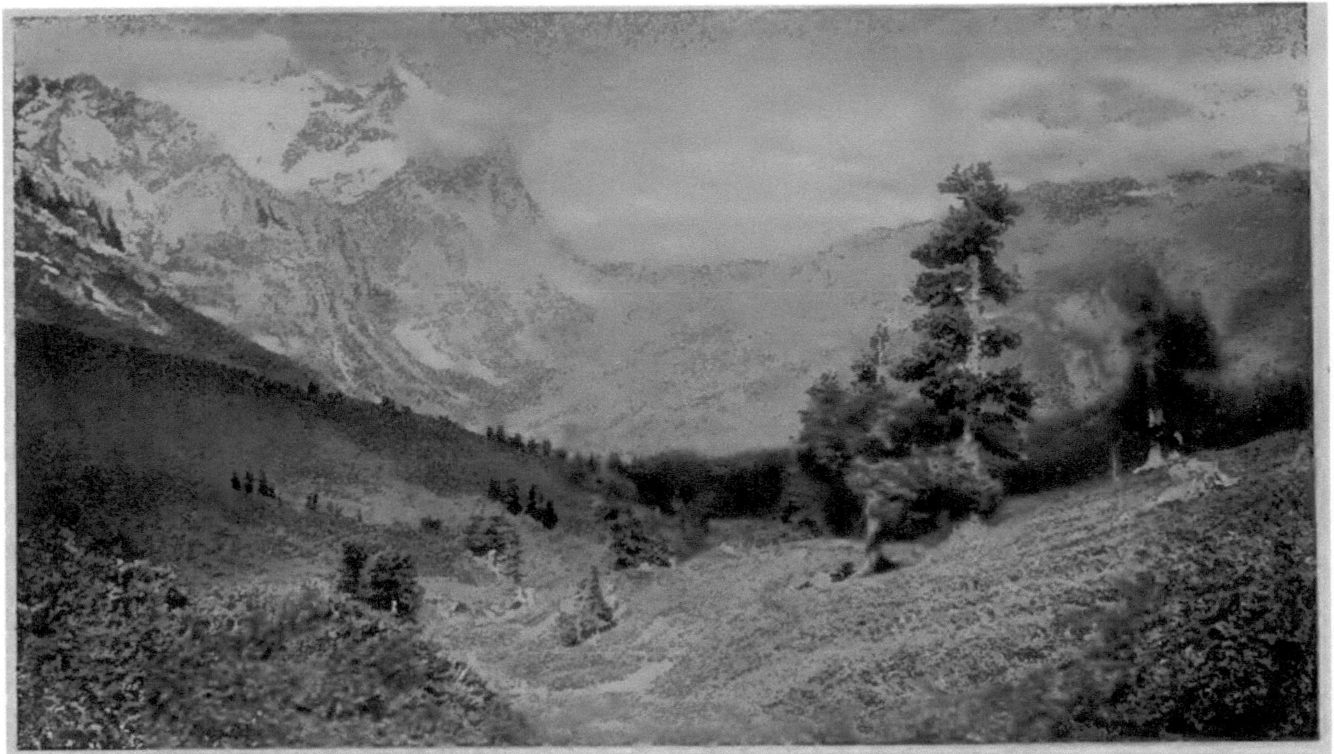

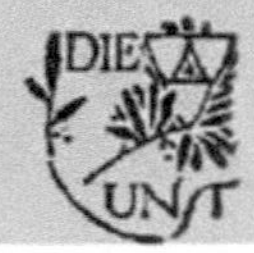

Ernst Müller, Dresden
HOCHGEBIRGSLANDSCHAFT
n. e. Kohledruck.

schlagen und sich nicht durch langwierige und diffe-
renzierte Versuche aufhalten. Die Wahl der Vorwürfe,
die Art ihrer Behandlung und ihre technische Ausführung ließen bei fast allen deutschen Amateuren
viel zu wünschen übrig.

Die Erfolge dieses Feuereifers ohne die sichere
Grundlage der Erfahrung ließen nicht lange auf sich
warten. Mit jedem Jahre flaute das Interesse an
den Bestrebungen ab, und heute ist es so, daß die
Rolle der deutschen Amateure bei gewählten internationalen Ausstellungen nahezu die kleinste ist.

Wesentlich günstiger liegen die Verhältnisse bei
den deutschen Fachphotographen, die anfangs zag-
haft den von den Amateuren angebahnten Wegen
folgten und die heute wohl an der Spitze der
die Photographie professionell Ausübenden stehen,
wenn sie auch noch nicht gerade das geben, was
die besten Amateure unter „künstlerischer Photographie" verstanden wissen wollen. Auf alle Fälle
sind ihre Arbeiten sehr erfreulich und müssen fürs
erste befriedigen, wenn man an das denkt, was sie
verlernen, vergessen mußten.

Von den deutschen Amateuren müssen an erster
Stelle die Brüder Hofmeister, Müller, Arning und
Grell in Hamburg, Weingärtner in Leipzig, Scharf
in Krefeld, Ehrhardt in Coswig genannt werden.

Leider ist aber auch bei ihnen meistens ein wirkliches Fortschreiten nicht festzustellen. Die farbigen, sehr großen Gummidrucke der Hamburger verlieren eben durch ihre Größe, die in ungleichem Verhältnis zum Gegenstand steht und durch die farbige Tönung, die sehr einseitig ist, an der Wirkung, für welche die meist gute Wahl und Auffassung der Motive bürgen würde. Die Farben sind nicht dezent genug, kalte Töne vorherrschend und die Schattenpartien zu dunkel gehalten. Besonders stört die Illusion und die häufige Wiederkehr eines gewissen Grün, Rot und Blau. Bemerkenswert ist es, daß Bilder wie „Rothenburg", „San Vigilio", einige Landschaften aus Bayern und der Eifel von Th. und O. Hofmeister, sowie solche aus dem Harz von H. Müller in der Verkleinerung, wie sie die „Mitteilungen" (Berlin) in letzter Zeit brachten, sehr wohltuend wirkten. Ein Grund gegen die zu starke Vergrößerung kleiner Aufnahmen, in der mit dem Zusammengehen störender Details oft auch die notwendigen verloren gehen. Der Fleiß und die Mühe, die die Herstellung von Photographien, deren Format zuweilen über 1 m Länge betrug, wie sie die Hamburger Amateure in den jüngsten Ausstellungen zeigten, wird nicht belohnt. Dagegen schlägt Henry Grell in kleinen, intimen und anspruchslosen Blättern vom Meeresstrande einen

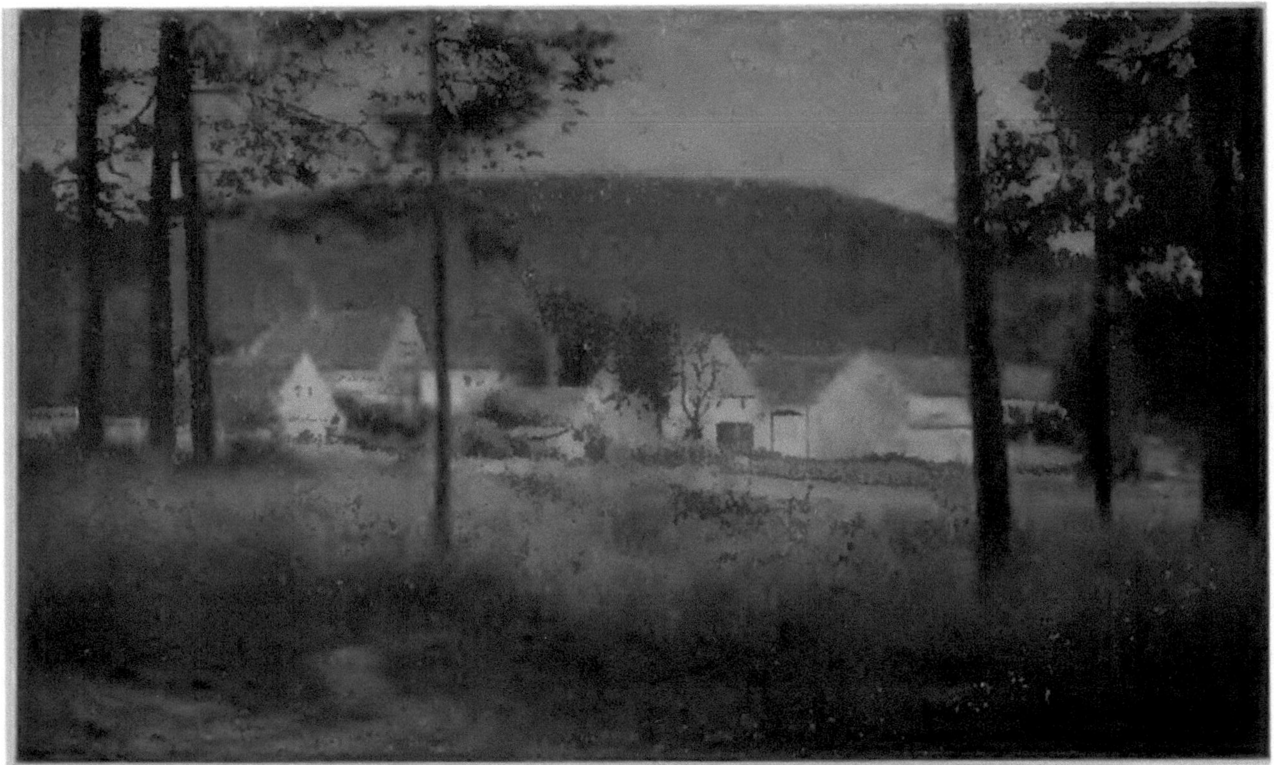

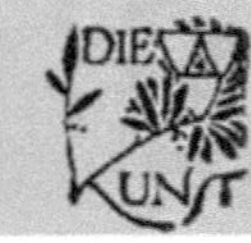

Otto Ehrhardt, Coswig
WALDDORF
n. e. Gummidruck.

neuen und versprechenden Ton an. Der Leipziger Weingärtner, auch einer der ältesten Anhänger der neuen Bestrebungen, bewies kürzlich in mehreren Gummidrucken von schöner, klarer Stimmung eine auffallend tüchtige Beherrschung des Materials, während Scharf, der bis 1903 etwa große Erfolge im sinnigen Arrangement mehrerer Figuren und auch in der technischen Ausübung hatte, stehen geblieben ist.

Neben diesen Amateuren wäre natürlich noch eine lange Reihe Berliner, Hamburger, Dresdner, Leipziger, Münchner, Düsseldorfer usw. Amateure hier anzuführen, die zuweilen ganz beachtenswerte Leistungen bieten, deren Nennung wir aber an dieser Stelle unterlassen, weil es sich hier nur um eine knappe Übersicht handelt.

Auch von den Fachphotographen wollen wir hier keinen namhaft machen. Es mag die Tatsache genügen, daß in Deutschland in fast jeder größeren Stadt und auch in kleineren, wie Bingen, Darmstadt, Werkstätten bestehen, in welchen nach künstlerischen Zielen gestrebt wird, zum Unterschiede von Paris oder London, wo von einer wirklich in die Praxis übergehenden Bewegung noch nicht gesprochen werden kann.

Über die künstlerische Photographie in Frankreich spricht sich Demachy selbst in der „Camera-Kunst" (Berlin 1903) ziemlich skeptisch aus. Er sagt, daß der begeisterte und schöpferische Photograph in seinem Lande selten ist. Er lobt die feinen Gummidrucke der Mlle. Laguarde, die Leistungen des Majors Puyo und Grimprels und findet bedeutende Fortschritte bei Dubreuil, Sollet und Ecalle. Für uns aber gilt Demachy selbst so viel, wie alle seine Landsleute zusammen nicht. Auf den vorhergehenden Seiten haben wir schon gesagt, daß er als erster sich des Gummidrucks bediente und auch in ihm einen eigenen Ausdruck gefunden hätte. Seine Porträts, seine Akt- und Ballettszenen, (s. Abb.) die Wiedergabe der Fleischstruktur und des Lichtes, die Art seiner Kontrastierung und der Anordnung von hellen und dunklen Flächen im Bildraum sind einzig in der Photographie. Seine Bilder sind nie Vergrößerungen, ihr Umfang steht in richtigem Verhältnis zu ihrem Inhalt. Er ist ein Momentphotograph par excellence. Eine Riesenkluft liegt aber zwischen der Möglichkeit, die flüchtigsten Ausdrucksnuancen diskret wiederzugeben, wie er es versteht, die Fleischtöne als Fleisch, die Anordnung als natürlich erscheinen zu lassen, und der „wohlüberlegten, abgerundeten, abgerundeten, aber kalten und hart modellierten Art des photographischen Normalbildes".

Seit einem Jahre etwa beschäftigt er sich mit Puyo mit dem zwar schon bekannten, aber nie für

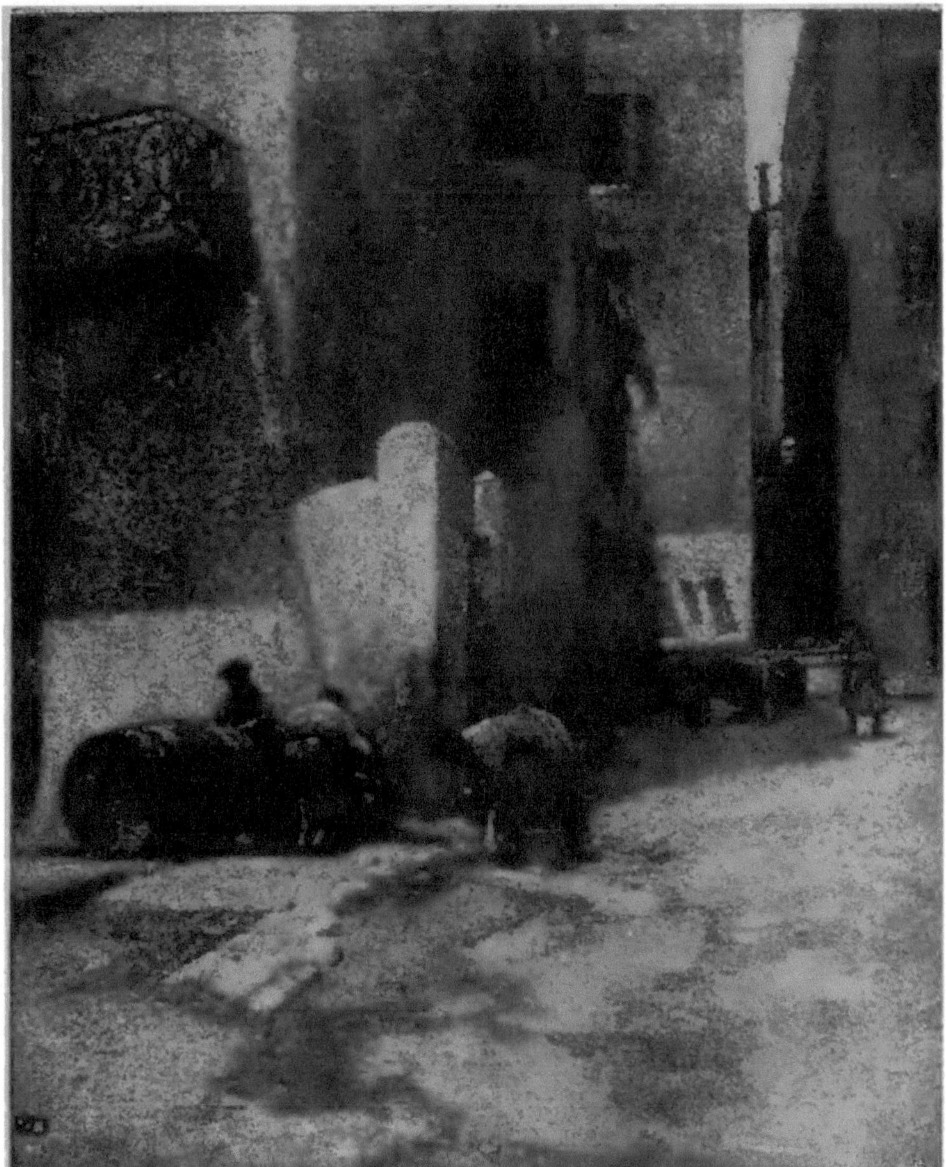

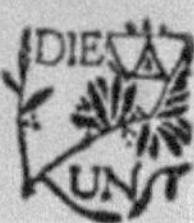

Robert Demachy, Paris
STRASSE IN MENTONE
n. e. Gummidruck.

künstlerische Zwecke erfolgreich ausgenutzten Öldruckverfahren. Dieser Prozeß beruht „auf der abstoßenden Wirkung, welche eine feuchte Chromatgelatineschicht gegen ölige Farbstoffe oder Tinten ausübt, welche Wirkung aber durch Exposition der Schicht am Licht verändert wird. Die durch das Licht affizierten Teile erhalten eine Anziehung für die Farbe, und zwar in direktem Verhältnis zur Lichtwirkung". (Phot. Mitt.) Wie der Gummidruck, erlaubt auch dieses Verfahren die individuelle Behandlung, Eingriffe und besondere Bearbeitung einzelner Bildteile. Demachys Arbeiten im Öldruck zeichnen sich dadurch aus, daß die Leuchtkraft, die Klarheit eine größere ist als in seinen Gummidrucken, und daß die Freilichtwirkung eine echtere ist.

England ist noch heute das reichste Land an begabten Amateuren. Weniger hervorragend beteiligt an den neusten kunsttechnischen Errungenschaften, weniger auffallend durch eigenartige und selbständige Begabungen, hat es trotzdem seinen Platz in der Geschichte der künstlerischen Photographie zu behalten gewußt. Kalkschmidt schreibt sehr richtig, daß nur durch die englische Sportfreude die Entwicklung und der gegenwärtige Stand der englischen Lichtbildkunst zu erklären sei. „Die Kunst als Sport betrieben — welch ein Widersinn! — so sagen wir in Deutschland. Sehen wir aber auf die englischen Lichtbilder, so finden wir trotz allen Sports eine so beachtenswert gesteigerte Kunst, wie wir sie gleich zahlreich, einheitlich und geschlossen anderwärts leider noch nicht finden. In nun bald fünfzig Jahren haben sie Zeit genug gehabt, eine Tradition zu bilden, sie haben Stil, d. h. gewisse Wesensmerkmale kehren bei allen ihren guten Bildern wieder."

Diese Tradition spielt bei der englischen Amateurphotographie eine große Rolle. Viele sehen die Natur nur mit den Augen ihrer Vorbilder, freilich „sind die Bedingungen des Sehens in England mit seinen fast steten Nebeln und Dünsten auch andere als bei uns; alles stellt sich dem Auge toniger, weicher, entfernter dar". Davison, Job, Keighley, Benington, Mummery, Charles Job, Horsley Hinton, Calland, Moß, Cadby, Evans — sie haben alle etwas Gemeinsames in der milden, poetischen Stimmung, in der zarten, duftigen Tönung, in dem dem Auge schmeichelnden Aussehen ihrer Bilder, etwas Gemeinsames in der Auswahl ihrer Vorwürfe und ihrer Betitelung.

Bis 1900 waren sie seltene Gäste in unseren Ausstellungen, die unter dem Zeichen des Gummidrucks standen, den sie garnicht liebten, der ihnen roh und unfertig erschien. Sie waren dem Platin- und

Pigmentbilde treu geblieben. In den letzten Jahren aber gewinnen sie immer mehr an Boden bei uns und sind nahe daran, in großen Ausstellungen, in denen sie immer kollektiv auftraten, die pièce de résistance zu bilden. Keinesfalls sind sie mehr die „Stehengebliebenen", für die sie von manchem deutschen Amateur angesehen werden. Sie huldigen zwar nicht unseren modernen Anschauungen, negieren sie aber auch nicht mehr. Sie haben sich nicht durch das Äußere unserer Bildtechnik und unseres Bildformates beeinflussen, wohl aber von der Erweiterung des photographischen Blicks, der neuen Ideen in unseren Motiven, der Art ihrer Behandlung anregen lassen. So bringen sie heute neben der traditionellen feinen, delikaten Bilderscheinung auch manches Eigenartige heraus, das in dem bewährten und sicheren Vortrage glaubhafter und vollkommener aussieht, als die oft unsicheren, ungleichen Versuche unserer Amateure.

Wir sehen zwar noch immer ihre alten typischen Vorwürfe wie Jobs „Morgennebel in den Bergen" — „wie die aufgehende Sonne die am Bergabhang lagernde Nebelmasse zu durchdringen sucht und auf dem flockigen Fließ der Schafe feine Lichter zeichnet" — wir sehen aber auch viele in ein selbstständiges und persönliches Verhältnis zu den Erscheinungen der Außenwelt treten, vor allem aber sehen wir eine sehr große Anzahl wirklich befriedigender und intimer Schilderungen, die in keinem Verhältnis zu unserer Leistung steht. Es wäre leicht, hier fünfzig Namen englischer Amateure anzuführen, deren Bilder auch auf unseren gewählten Ausstellungen gern gesehen würden. Der Orientierung halber reihen wir den Genannten, die dem berühmten „Linked-Ring" angehören, noch einige der „Royal Photographic Society" an. Da sind T. Mortimer mit ausgezeichneten Seestücken, Bland, Marshall, Clark und Kimber mit sehr fein aufgefaßten Interieurbildern, Aitschison, Hensler, Warburg, Huson, Andersen, Thomas, Schön und die Frauen Cottam, Barton, Willis — durchweg beachtenswerte Namen auf dem Gebiete der künstlerischen Photographie, die sich in England eben nicht wie bei uns plötzlich und sprungweise entwickelt hat.

In Belgien steht Léonard Misonne mit seinen technisch sehr fertigen und reizvollen Gegenlichtbildern vielleicht an der Spitze. Würde er ein wenig vielseitiger und freier sein, könnte man ihn als Outsider etwa neben Demachy und Kühn stellen, aber bei ihm hat man das Gefühl, als arbeite er nach einem ihm allein gültigen Rezept. Neben ihm und in einzelnen Bildern über ihm stehen Willems, Leys, Sneyers, Stouffs und Marisaux mit Hafen-

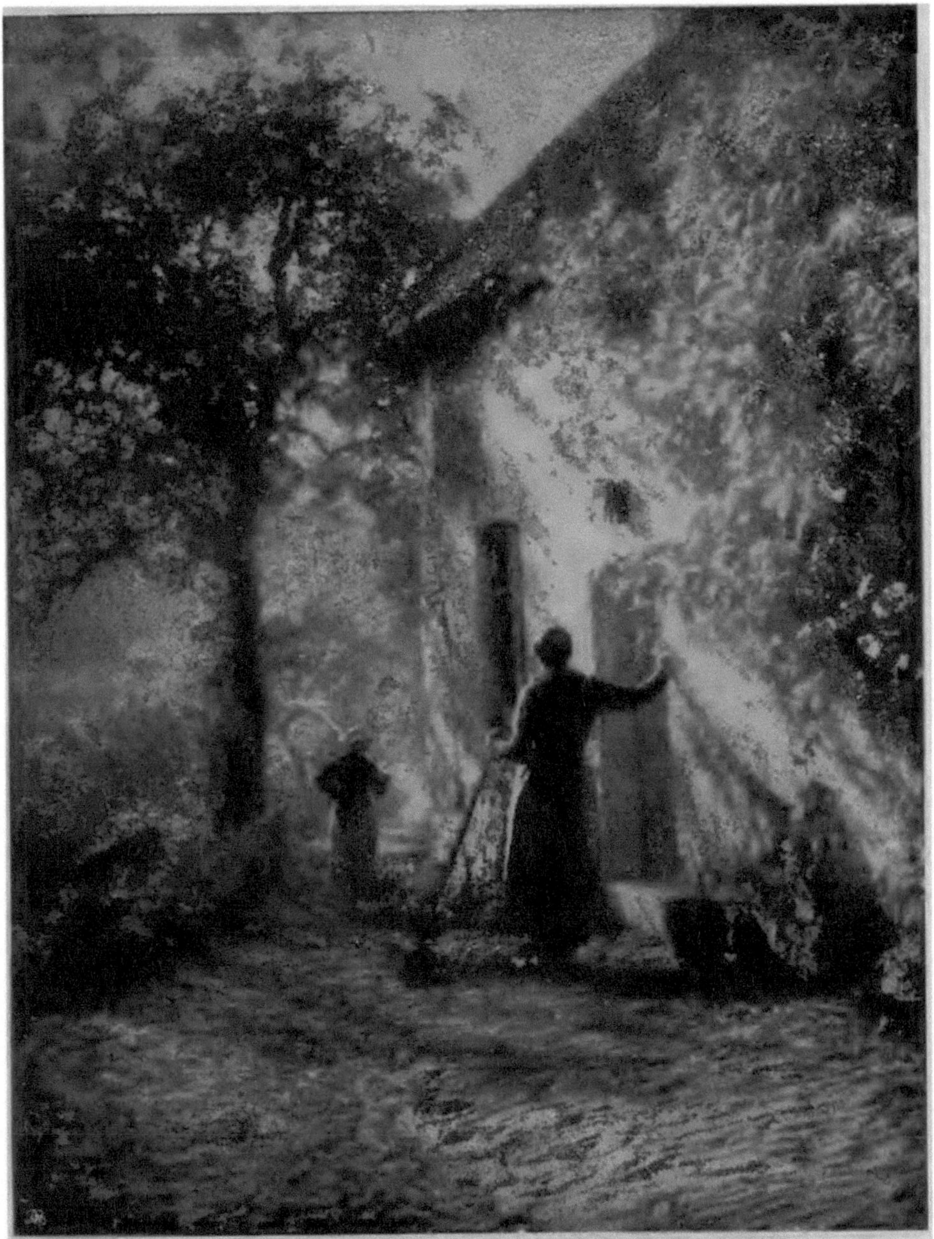

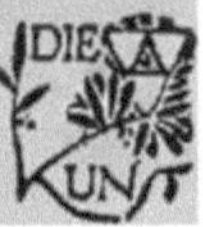

Léonard Misonne, Gilly
IM GEGENLICHT
n. e. Platindruck.

und Architekturstücken von abschließender und geschmackvoller Wirkung. Vornehmlich müssen zwei Aufnahmen von Willems „Am Kanal“ und „Alte Straße“ und Leys „Am Hafen“ (s. „Photogr. Kunst“ 1905) als ausgezeichnet hervorgehoben werden. Von Cumont haben wir außer seinem eigentümlichen und sehr geschickt aufgefaßten „Sonnabend-Markt in Brüssel“ ebenso nie mehr Hervorragendes gesehen, wie von Canfyn, nach dessen „Matin jour en prairie“, einer groß gesehenen Stimmungslandschaft. Auch Alexandre, mit einer der ersten Fachphotographen des Kontinents, welcher sich sofort an die Amateure hielt, die Landschafter Icks, Vanderkindere, Puttemanns, Declerq, Adelot haben nicht gehalten, was sie vor zehn Jahren versprachen.

Holland hat nie eine erhebliche Rolle im photographischen Leben gespielt. Zu Anfang der neunziger Jahre wurden von Huyßer-Bloemendahl verschiedene feine kleine Bilder reproduziert, in den letzten Ausstellungen aber haben wir nie wieder etwas von ihm gesehen. Die Internationale Ausstellung im Haag 1904 brachte auch nichts Überraschendes von holländischen Amateuren. Nur den Fachphotographen Rabbers, Idzerda, Dewald und der Helena Goude gelang es, Erfolge zu erzielen, die etwa denen unserer Deutschen Dührkoop, Perscheid entsprachen.

Auch über Italien, die Schweiz und die norwegischen Länder ist im ganzen wenig zu sagen. Das Wenigste nur war besser als die deutsche Durchschnittsleistung. Hervorzuheben wären nur Ernesto Boon und Casazza, Max Albert, die Fachphotographen Bernouilli und besonders der in Zürich lebende Camille Ruf, der als einer der besten Porträtphotographen überhaupt angesehen werden muß. Der fähigste nordische Kunstphotograph ist Niels Fischer, Kopenhagen, der verschiedentlich feine Interieurszenen bei uns zeigte. Von seinen Landsleuten nennen wir noch F. Möller, C. Frederiksen und N. Rom.

ACH dieser Übersicht über den gegenwärtigen Zustand der künstlerischen Photographie bleibt uns hier nur noch wenig zu sagen übrig. Auf die Eröffnung von Perspektiven über die Zukunft, wie wir uns die Weiterentwicklung und ihre Konsequenzen denken, wollen wir uns nicht einlassen. Man könnte dabei zu leicht fehlgreifen. Das Gebiet ist im Grunde genommen doch immer noch neu und unerforscht. Wir unterschreiben, was Steichen sagte: „Ein Platindruck oder ein Gummidruck hat gewisse technische Grenzen, das läßt sich aber von der Photographie im allgemeinen nicht sagen." Es gibt noch viele schon vorhandene Möglichkeiten, die nicht genutzt sind, und wir wissen nicht, was noch dazu kommen wird. Die Einführung der Farbe, die bis heute in der künstlerischen Photographie nur ähnlich wie die Mitwirkung von Pinsel und Stift aufgefaßt werden kann, die aber sehr wohl durch die unmittelbare Aufnahme vor der Natur dankbar ist, kann zu ganz eigenartigen und überraschenden Resultaten führen. Sicher ist nur, daß, je weiter die technischen Möglichkeiten werden, auch die Darstellung es wird, und daß sich diese dann wiederum mehr und mehr von den Aufgaben des Malers (Künstlers) unterscheiden muß. Das reichere Material muß auch zur reicheren Charakteristik, sei diese mehr photographischer oder mehr künstlerischer Natur, und zu einer sichereren Beurteilung der Leistungsfähigkeit führen. Die schiefe Stellung, in der sich heute noch die künstlerische Photographie befindet, ist aus den Vergleichen mit der Malerei hervorgegangen, zu denen der eine und andere auch direkte Veranlassung gegeben haben. Und es würde sich nicht der Mühe lohnen, die künstlerische Photographie weiter und ernsthaft zu verfolgen, wenn nichts mehr als ein „Anhängsel der Malerei" aus ihr resultierte. Vielleicht aber räumt sie, und das ist gar nicht so unmöglich, wenn sie sich noch vervollkommnet, unter den viel zu vielen Malern auf, indem sie zeigt, daß sie das, was diese in mäßiger Technik und mangelhafter Form mühsam der Natur absehen, viel richtiger, unverfälschter, schneller wie-

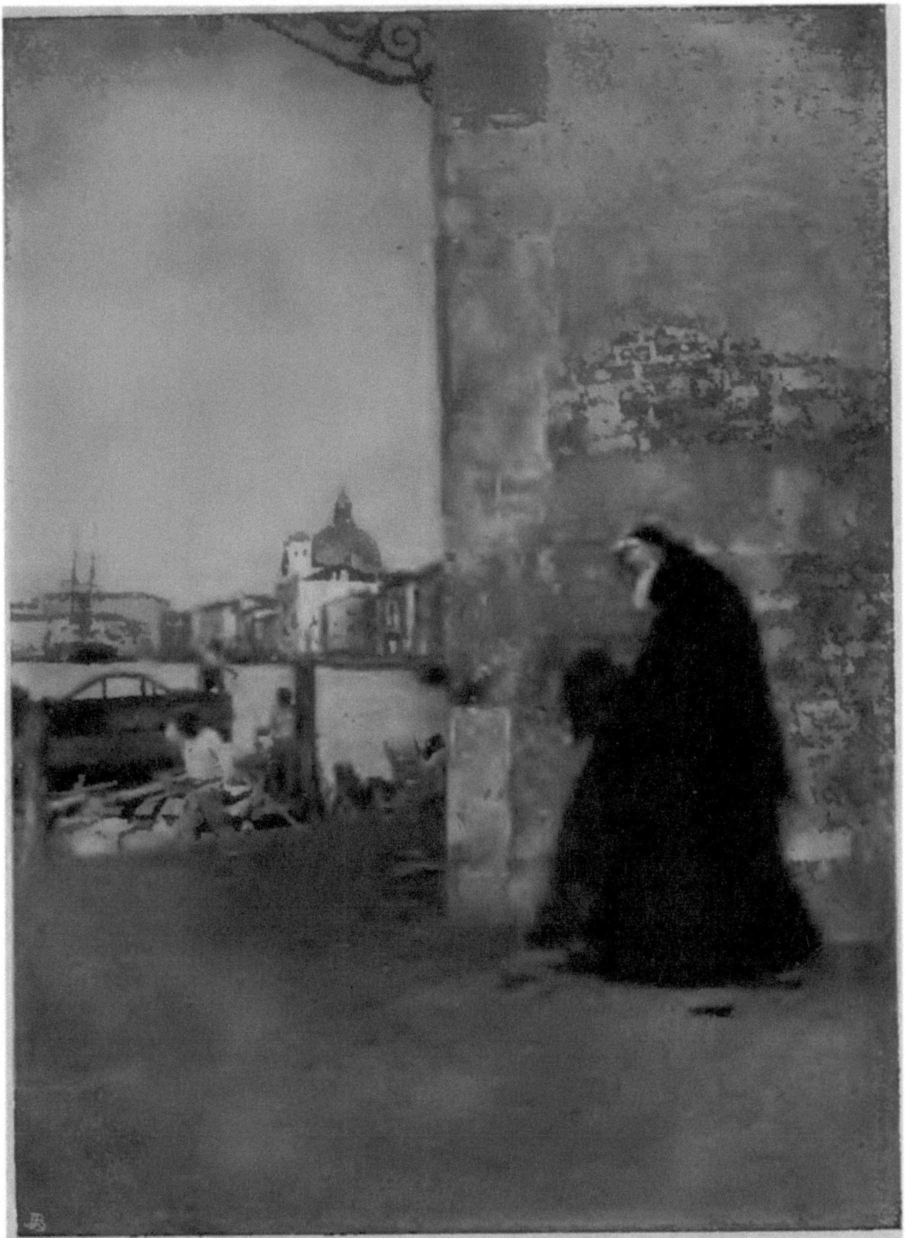

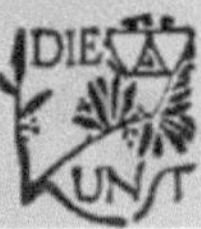

J. Craig Annau, Glasgow
AUS „VENICE AND LOMBARDY"
n. Original-Photogravure.

derzugeben imstande ist. Vereinzelt hat sie das ja schon bewiesen, wenn auch auf einem ziemlich umständlichen und engen Wege. Es handelt sich nun darum, daß sie auch zeigt, daß es für sie keine Beschränktheit, nichts in der Natur gibt, was sie nicht zu fassen imstande wäre, in dem echten, großen Ausdruck, den wir von einer künstlerischen Darstellung verlangen.

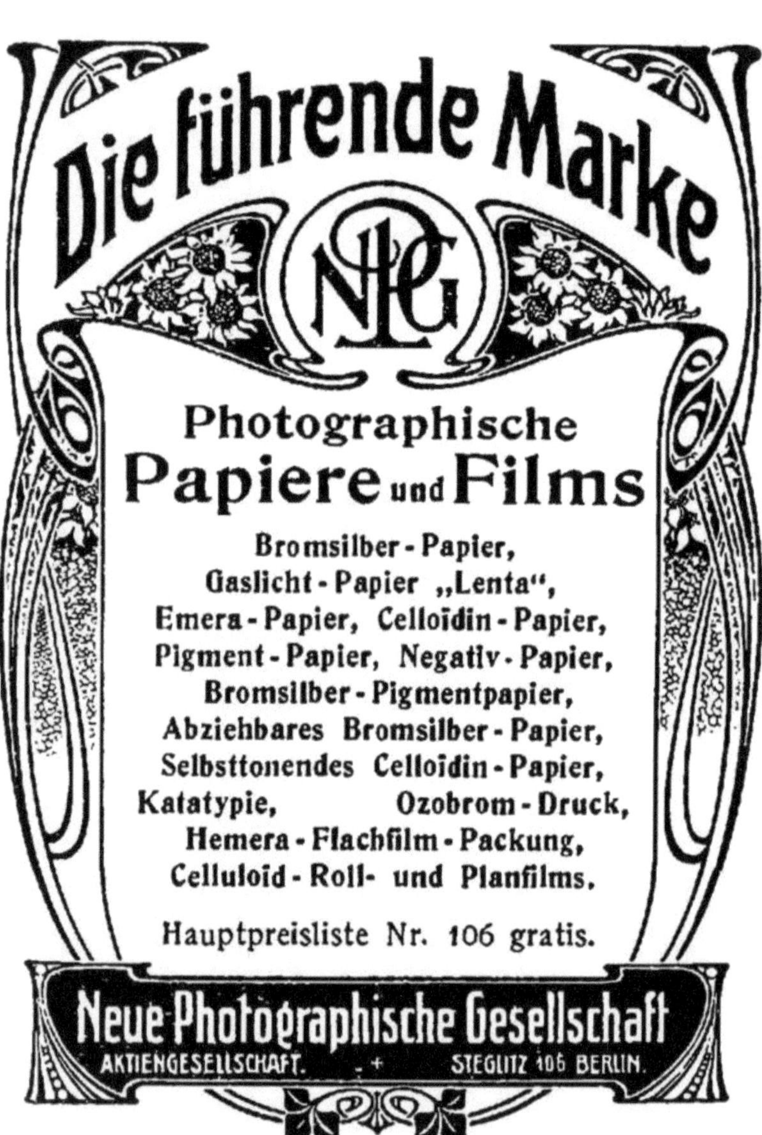

Die führende Marke

NPG

Photographische
Papiere und Films

Bromsilber - Papier,
Gaslicht - Papier „Lenta",
Emera - Papier, Celloïdin - Papier,
Pigment - Papier, Negativ - Papier,
Bromsilber - Pigmentpapier,
Abziehbares Bromsilber - Papier,
Selbsttonendes Celloïdin - Papier,
Katatypie,   Ozobrom - Druck,
Hemera - Flachfilm - Packung,
Celluloid - Roll- und Planfilms.

Hauptpreisliste Nr. 106 gratis.

Neue Photographische Gesellschaft
AKTIENGESELLSCHAFT.   +   STEGLITZ 106 BERLIN.